国家公共文化数字支撑平台数字资源标准规范

李　宏　主编

国家圖書館出版社
National Library of China Publishing House

图书在版编目(CIP)数据

国家公共文化数字支撑平台数字资源标准规范/李宏主编. --北京:国家图书馆出版社,2017.11

(国家公共文化数字支撑平台标准规范系列丛书)

ISBN 978-7-5013-6084-0

Ⅰ.①国… Ⅱ.①李… Ⅲ.①文化—信息资源—信息管理—标准—中国 Ⅳ.①G253-65

中国版本图书馆 CIP 数据核字(2017)第 086862 号

书　　名 国家公共文化数字支撑平台数字资源标准规范
著　　者 李宏　主编
责任编辑 金丽萍

出　　版 国家图书馆出版社(100034　北京市西城区文津街 7 号)
(原书目文献出版社　北京图书馆出版社)
发　　行 010-66114536　66126153　66151313　66175620
66121706(传真)　66126156(门市部)
E-mail btsfxb@nlc.gov.cn(邮购)
Website www.nlcpress.com ——→投稿中心
经　　销 新华书店
印　　装 北京鲁汇荣彩印刷有限公司
版　　次 2017 年 11 月第 1 版　2017 年 11 月第 1 次印刷

开　　本 787×1092(毫米)　1/16
印　　张 11.75
字　　数 260 千字

书　　号 ISBN 978-7-5013-6084-0
定　　价 60.00 元

本书编委会

主　编：李　宏

副主编：罗云川

编　写（按姓氏笔画排序）：

马张华　王胜清　刘　平

陈移兵　赵丹群　段明莲

目　录

数字资源知识组织分类标准规范

数字资源唯一标识符规范

视频资源加工规范

数字资源元数据标准规范、交换标准规范及著录规则

数字资源知识组织分类标准规范

目　录

数字资源知识组织分类标准规范编制方案

1 编制目标

本分类法按照文化部构建国家公共数字支撑平台的需要,以文化共享工程视频资源为主要对象编制,力图达到以下目标:

其一,建立起适合文化共享工程的资源特点、内容分布及发展状况的,能容纳多种资源类型的一体化分类结构;

其二,应符合系统的性质,以适合用户需求的方式构建;

其三,符合网络环境下的使用特点,具有较好的灵活性、通用性,同时操作应尽可能简便。

本类表主要用以建立分类查检工具,供浏览检索,并能与相关元数据、关键词等其他查检形式结合应用。

2 编制原则

本分类法的编制拟遵循以下原则:

2.1 科学性原则

以视音频资源的内容关系为类目体系构建的主要依据,类目的展开应符合逻辑划分规则,类名应规范、通用,较好反映类目的内涵和对象范围。

2.2 资源保证原则

类目的设置及类目体系的展开深度,应考虑资源数量与内容分布情况。一类资源的数量,大致保持在适合展示的数量范围以内(如100以下,可根据显示情况设定),超过这一范围可考虑进一步区分,以便有较好的检准率。

2.3 用户保证原则

本分类体系主要供普通社会用户使用,类目设置和类目体系的组织和揭示方式应符合社会用户的使用需要和使用习惯,具有较好的通用性,并可在必要时适当为特定人群,如青少年等设置专用类目。

2.4 适用性原则

即应适合网络环境的特点和技术可能。如:结合数字环境的技术特点,适当采用多维揭示的形式和分面组配技术,以便通过对多属性资源在相关门类重复反映,为用户提供多角度查找的可能;必要时可视情况在部分类目吸收结合相关元数据,包括关键词等,引入自动标引处理,以减少人工标引的工作量等。

3 编制方式

根据对多种资源类型一体化处理的需要,本系统整体上采用“列举—组配”结合的编制方式。主体类目部分以等级列举式为主,按资源的内容对象设置,以便根据资源的情况和用户需求,灵活配置和展示类目,方便用户从内容对象的角度进行查检;同时结合资源类型(如专题讲座、专题片、舞台艺术、电影、动漫、特色数据库)、民族语言等,通过组配方式设置类目,以便供用户从资源类型和民族语言等角度,结合主体类目的分类结构进行查检。不同分面维度的标引,拟结合组配符号,通过轮排的方式实现。

同时,为便利用户对多属性主题的使用,类目体系拟适当采用多维揭示的形式,通过对多属性资源在相关门类重复反映,为用户多角度查检提供可能,改进系统的易用性。

4 基本大类

根据资源的类型与内容分布,考虑用户使用需要及数字检索环境的特点,本类表设置基本大类如下:

主体类目	B 文化
	D 文学
	E 艺术
	F 历史、地理
	G 人物
	H 政、法、社会
	J 经济商贸
	M 医药卫生
	N 农业技术
	P 科技与服务
资源、地区及民族语言	W 资源类型
	Z 地区与民族语言

从上表可以看出,本表的基本大类设置总体上分为“主体类目”以及“资源类型、地区及民族语言”二大部分。

“主体类目”部分根据系统的性质,结合内容关系和资源分布情况,大体上按照文化、社会、科技的次序设类。首先列举“B 文化”“D 文学”“E 艺术”等属于文化及文学、艺术层面的类目,其范围与文化部的核心工作领域较为一致,是本系统的重点;其次设置“F 历史、地理”“G 人物”“H 政、法、军事”“J 经济商贸”,大体为社会层面的类目;其后设置

“M 医药卫生”“N 农业技术”“P 科技与服务”,主要为科技层面的类目。

从目前的资源分布和系统性质的情况(亦即以后可能的资源发展的重点)而言,各个部分类目的设置情况如下:

“B 文化”“D 文学”“E 艺术”,资源数量最多,其中“E 艺术”收入大量舞台艺术、电影、电视剧等的作品,均为本系统的重点类目。舞台艺术作品、电影、电视剧等就其数量和实际需求而言,亦可以作为重点类目突出设置,目前采用了基于分类体系一体化及系统性原则的处理形式。在实际应用中,也可以根据使用需要,在目前分类结构的基础上,将其中的舞台艺术作品、电影、电视剧等门类以突出的形式加以显示。

“F 历史、地理”“G 人物”“H 政、法、社会”“J 经济商贸”等社会层面的类目中,“F 历史、地理”“G 人物”的资源相对较多。而“H 政、法、社会”“J 经济商贸”涉及的资源则相对少一些,这一部分类目是在兼顾资源情况及其发展和整体门类均衡的基础上设置的,本部分类目可能考虑的调整有:其一,将人物并入历史、地理;其二,将经济商贸与“H 政、法、社会”合并,前者是因为人物作为一个大类稍嫌单薄一些,后者则是结合目前资源数量情况的一种考虑。而将“政、法、社会”从H类分出,独立设类,与经济商贸并列,资源的支撑稍显不足。

“M 医药卫生”“N 农业技术”“P 科技与服务”等科技层面的类目中,“N 农业技术”“M 卫生与健康”两类有资源和用户需求的支撑,因此单独设类;“P 科技与服务”大类,原打算分设为“L 科普环保”“P 工业技术与服务”两类,但因资源数量较少,且相当一部分为普及性、知识性资源,与服务有关的资源中,有一部分是介绍服务技能的,按照目前的资源情况,采用了合并设置大类的形式。

“W 资源类型”“Z 地区与民族语言”则是从资源类型和地区、民族语言角度设置的类目,提供从资源类型角度、地区角度、民族语言角度的查检。可以为从特定角度使用资源的用户提供方便。例如,查找舞台艺术、电影、电视连续剧的用户可以直接从资源类型的角度进行检索,系统也可以将这些门类的某些用户需求较大的二级类直接以提供检索栏目的形式在屏幕上以灵活的方式展示。上述角度类目涉及的主题门类,有可能出现资源数量不均衡的现象,在使用时,可根据有关资源类型涉及的主题类目情况适当调整,设置适用的展示形式和等级等,例如一门类下资源少于一定量时,不再详细展示子目。

5 类目体系的展开

类目体系的展开根据各类内容对象的特点逐级进行,同时也十分关注资源处理的用户视角,通过多维技术的应用,满足不同用户的使用需要。

主体类目部分各个基本大类下类目的展开,基本上采用层层划分的方式进行。通常根据该大类资源涉及的内容对象、资源分布情况及用户需求,设置二级类,其后再根据子类的资源数量和内容分布,设置三级类,如此层层划分,构成一个逐级展开的树形结构。各种知识门类的类目,根据内容对象设类,并按知识关系排列;文学、艺术部分的文艺作品,则以艺术形式作为主要设类标准,必要时辅助以时代、题材等加以区分。类目设置拟兼顾资源内容分布的情况,采用聚类与划分结合的方式,以便使得类目体系既符合资源分类的实用需要,又有较好的整体均衡性和扩充性。

对于多属性资源，一般采用多维处理技术，通过重复反映的方式，使其可以同时在不同门类显示，以改进系统的易用性，便于从不同角度检索利用，方法见“6　关于多维结构和多维处理技术”。

涉及资源类型的揭示，除主体类表中部分类目下设有资源类型的专类外，一种形式是，可视需要通过结合资源类型复分表等进行复分和加以分类显示；在“W　资源类型”“Z　地区与民族语言”等类下，则可利用组配标记的形式，提供从资源、地区、民族语言等角度揭示的途径。方法见“7　关于复分、仿分技术的应用”以及类表的相关注释。

6　关于多维结构和多维处理技术

多维结构和多维处理技术有助于从多个角度组织和检索资源，满足不同用户的检索需求，增加系统的易用性。类表在这一方面的努力包括：

其一，构建整体性多维结构，满足用户从不同角度检索的需要。这一结构通过按照内容对象设置的主体类目与资源类型、地区与民族语言类目这样两个不同的维度的类目架构实现。上述大类结构，提供了同时从资源内容对象和资源类型、地区与民族语言等不同维度入口进行展示的框架，可供用户方便地从不同角度出发查检资源。对涉及资源类型、地区、民族语言等资源维度类目的标引，可以在其基本特征类目的基础上，引入组配号“:”，采用与该资源主体类号组配的形式加以揭示，改进多维揭示的效果。其号码构成为：特征类目号码 + “:” + 该资源的主体类号。例：书法专题片的标记可标引为：W24:E25（目前仍未设置“E25　书法”的子目，暂用书法基本类号标示）。

其二，利用超文本链接技术，对多重属性的类目重复反映、多维揭示。即在主体类表各基本大类的展开中，对于具有多重属性的类目，适当采用重复反映的方式，通过超文本链接，将多维结构贯彻到主体类表结构之中，便于用户从不同角度查检。例如，“地方文化”除在“B　文化”类下设类外，同时还可以根据其内容属性，在“F80　地理”下重复反映，供从地理角度查找使用；再如，有关儿科疾病治疗的内容，除在“M45　各科疾病治疗”下的相应位置设置子目外，同时设置“M50　儿科疾病治疗”重复设置该类目，供突出反映。重复反映类目以@标注，通过超文本链接实现，标引时只要将资源归入非重复设置的类目就可以了。

此外，在类目体系展开中还应根据类目的具体情况，适当采用不同维度设类的形式，方便从各种角度充分揭示资源。

7　关于复分、仿分技术的应用

为了增加类表的规律性、一致性和伸缩性，对共性区分类目的处理，适当采用了复分、仿分的方法。

7.1 关于复分表的编制

根据资源分类处理中可能涉及的不同资源类型,及地区与民族语言区分的需要,拟设置资源类型、中国地区、少数民族语言三个复分表,用以规范对上述分面因素的标引。资源类型复分表部分,提供共享工程处理的基本资源类型的类目,可供主体类目下复分使用,方便主体类目下按照资源类型进行有层次的揭示;中国地区复分表,国内部分暂划分到大区,供具有地区揭示价值的相关资源标引使用;少数民族语言复分表部分,暂时只设置资源所涉及的几种语言门类,可在应用过程中根据民族语言资源情况的变化再做调整。复分表可结合系统的使用需要以及资源情况,规定采用办法,例如规定地区复分表只适用于具有地区特征的资源,无地区特征的资源不予使用等。

7.2 适当采用了仿分技术和平行列类的形式,增加类表的规律性

对于性质相同类目中子目的设置,在划分标准一致或接近时,通常可视情况,采用仿照复分的方式,或采用相同的方式设置类目,以增加类表展开的一致性与规律性。

例如,主体类表部分凡涉及资源类型、地区或民族语言的子类设置,宜采用与相应复分表一致的类目设置形式,以方便各知识门类相应资源在该类下的集中与转换。

8 标记符号

本类表的标记符号拟采用混合号码,基本大类以字母标注,其余均以数字作为标记。号码编制方式可采用层累标记制,除大类以一位大写字母标记外,其余类目均以两位数字表示一次划分,即二级类目以两位数字表达,三级类目以四位数字表达,号码的位数与类目的等级严格一致,使得使用者可以直接依据号码的位数确定类表展示的等级。对于重复反映的类目,在类名上加@,表示其为多维揭示类目。这类类目只用以检索浏览,不作为标引依据。

为方便从资源类型、地区与民族语言角度的揭示,本表设置了类间组配符号“:”。有关资源类型、地区与民族语言角度的类目,可按照上述类目配置号码的同时,在该号码后结合组配号“:”与该资源的主体号码组配,形成按照资源类型、地区与民族语言为中心的标记展示系列。

考虑到类表使用过程中可能出现的类目增补变动情况,为了减少调整类目可能带来的资源处理工作量,对于同位类号码的分配采用了预留空号法。例:

H 政、法、社会
H10 理论与方法
H15 社会生活
H20 政治、外交
H25 法律
H30 军事
H35 公共文化@
H40 教育

H45　体育

H95　其他

本表中的分类号码只在类表和后台数据中出现,屏幕界面只显示类目,对类号不予显示,以增加类表使用的通用性。同时,还可以结合使用需要,采用多种方式调整使用效果。如:每次类目显示时,在显示所点击类目下资源的同时,显示下一级类目;无资源的类目不予显示等。

9　关于类目设置和标引中计算机自动处理的应用

为简化操作,节省标引成本,本类表对主体大类以外的类目,包括"W　资源类型""Z　地区与民族语言"等类目,可结合采用自动处理的方式。

一种处理方式,是使用组配标记形式,在主体类目分类时,同时对其涉及的资源类型、地区、民族语言等,以":"为组配复分号,结合相应复分表,结合与资源类型、地区、民族语言类的特征标识构建组配分类号。该分类号可在主体类显示时,提供按资源类型揭示文献的功能;在资源、地区、民族语言部分下,则可以通过轮排,从特征的角度按主体类号的序列加于系统显示。例如:一儿童卫生与健康的专题片,其主体类号为M50,电视专题片的号码为24,资源类型部分的资源特征号为W,则该资源可标引为:M50:W24。此分类号按资源揭示时,可以通过轮排,按W24:M50的方式显示。

另一种可供选择的处理的方式是,使用计算机通过元数据相应字段的匹配,实现"W　资源类型""Z　地区与民族语言"等门类中特征类目的自动分类,再在其下结合该资源主体类目的分类数据构成组配类号。采用这一方式,需要调用元数据相应字段的数据,并有符合处理需要的数据。如,对于地区的标引,通过在相应字段标注相应的地区词等实现。为避免出错,这一处理一般须结合人工辅助进行复核。后一种方式通常应在充分评估,并结合配套措施的情况下采用。

数字资源知识组织分类标准规范基本大类表、简表

1 基本大类表

B 文化
D 文学
E 艺术
F 历史、地理
G 人物@
H 政、法、社会
J 经济商贸
M 医药卫生
N 农业技术
P 科技与服务
W 资源类型
Z 地区、民族语言

2 简表

B 文化

B10 公共文化(包括:文化理论、群众文化、新闻出版、广电网络、文博事业、文化交流、外国文化等)本类可在"政、法、社会"大类重复反映。
B15 传统文化(主要收入传统学术和文化社会思想,包括孔孟、老庄、先秦诸子、各代学术、思想史以及传统文化的相关研究。内容较多,可进一步展开)
B20 地方文化
B25 民族文化
B30 风俗习惯
B35 文物与收藏(文物、考古与收藏、有关理论如敦煌学等。古籍鉴定,文化遗产平均归入本类)
B40 文化遗产@(以重复反映的方式突出反映,包括物质文化遗产。非物质文化遗产等)
B50 宗教
B95 其他

D　文学

D10　文艺理论
D15　小说
D20　四大名著@(“小说”类子类的重复反映)
D25　诗歌
D30　散文
D35　儿童文学
D40　民族文学
D45　外国文学
D50　文学史
D55　文学家@(“人物”类子类的重复反映)
D95　其他

E　艺术

E10　艺术理论
E15　艺术知识与鉴赏(仿 20－65 分)
E20　绘画
E25　书法
E30　工艺
E35　雕塑
E40　音乐
E45　舞蹈
E50　戏剧
E55　电影
E60　电视剧
E65　动漫
E70　艺术史
E75　艺术家@(“人物”类子类的重复反映)
E96　其他

F　历史、地理

F10　史学理论
F15　中国古代史
F20　中国近代史
F25　中国现代史
F30　地方史志
F35　民族史
F40　历史事件

F45 各科专门史
F50 外国史
F55 人物（按专业分并在相关门类重复反映）
F80 地理（区域地理、专类地理、专门地理等）

G 人物@F55（为重复反映）

H 政、法、社会（类名可再斟酌）

H10 理论与方法
H15 社会生活与问题（内容、常识与问题）
H20 政治、外交
H25 法律
H30 军事
H35 公共文化@（语言文字入此，此类为“文化”类下同名类的重复反映）
H40 教育
H45 体育与健身（部分子类在“医药卫生”类重复反映）
H95 其他

J 经济商贸

J10 经济理论
J15 职业与就业
J20 企业经济与管理
J25 农业
J30 工业
J35 房地产、市政建设
J40 商业贸易
J45 服务业、家政
J50 旅游
J55 金融、货币
J60 国外经济
J95 其他

M 医药卫生

M10 医疗管理
M15 卫生与健康（包括养生、健身等，与“体育与健身”类中的部分子类重复反映）
M20 中医
　　中西医入此
M30 中药
M35 医学理论

M40　预防医学
M45　各科疾病治疗
M50　儿科疾病治疗@(“各科疾病治疗”类子类的重复反映)
M55　老年疾病治疗@(“各科疾病治疗”类子类的重复反映)
M60　妇科疾病治疗@(“各科疾病治疗”类子类的重复反映)
M70　药品
M95　其他

N　农业技术

N10　农业科学
N15　农田水利
N20　农业技术
N25　农作物
N30　经济作物
N35　园艺
N40　林业
N45　鱼类养殖
N50　畜牧业
N55　农业经济@(“经济商贸”类子类的重复反映)
N60　三农问题与农村工作@(“经济商贸”类子类的重复反映)
N65　务工技能(在相关类下重复反映)
N95　其他

P　科技与环保

P10　科技理论
P10　数理化
P15　天文学
P20　地球科学
P25　生物学
P30　医药卫生@
P35　农业技术@
P40　工业技术
P45　手工业与生活服务
P55　环境保护
P60　青少年科普
P95　其他

W　资源类型

按资源类型复分表分，再在资源类型下按该资源主体类表中的分类号排列。其整体类号也可以以":"为组配符号,将资源类号与主体类号组配。例如:农田水利专题片标引为:W24:N15。

Z　地区、民族语言

对需要进行地区区分的对象依据地区复分表分,民族语言的资源按民族语言复分表分,再按主体类表的分类号排列。地区和民族两种区分中一般只选用其中的一种,不同时使用。地区或民族语言可同时结合主体类表类目和资源类型区分使用。例如:卫藏方言的农田水利专题片可标引为 N15:W24:Z64,在农田水利下显示;同时,按 W24:N15:Z64、Z64:N15:W24 的方式在资源类型和民族语言类下提供浏览查找。

在出现三元组配的情况下以何种方式最佳,或选择只采用简单的两元组配显示形式等问题可以再讨论。

3　复分表

3.1　资源类型复分表

可直接在"W 资源类型"类下依据本复分表区分,并自动结合该资源主体类表类目的分类号进行组配,以":"为组配类号组合,在主体类目下以及资源类下使用。例农田水利专题片标引主体类号为:N15,资源类型部分的类号为 W24。经组配后,在主体类下按 N15:W24 排列;在资源类型下则按 W24:N15 提供。

如采用直接在主体类下对资源类型按本复分表进行分类的方式,则在配号前加组配号":W",如上例资源标引为 N15:W24。同时通过轮排方式提供按 W24:N15 在"W 资源类型"类下展示。

10　文本文献
15　音频
　　(视频)
20　电影
22　电视连续剧
26　舞台艺术
28　动漫
30　游戏
32　综艺、谈话、采访、互动
34　专题片
36　讲座
40　新闻
　　(数据库)
50　特色数据库

3.2 中国地区复分表

只供类目目前注明按地区区分时使用。采用在主体类下按本复分表区分时，配号前加组配号“:Z”，以便可通过轮排从地区角度的提供查检。

42 北京市

44 华北地区

46 东北地区

48 西北地区

50 华东地区

52 中南地区

54 西南地区

56 港澳台湾地区

3.3 民族语言表

少数民族语言的资源均使用本表复分（民族语言种类根据以后的发展进一步扩充）。

60 藏语

64 卫藏方言

66 安多方言

68 康巴方言

70 蒙古语

72 维吾尔语

74 哈萨克语

78 朝鲜语

数字资源唯一标识符规范

目　录

1 目的和范围

本规范规定了国家公共数字文化支撑平台（以下简称“平台”）的数字资源唯一标识符系统（Platform Digital Object Unique Identifier，简称 PDOI）的体系框架、命名规则。

本规范仅供平台建设参与单位对数字资源对象进行标识。方便资源对象的保存、迁移、交换和使用，可以有效地对数字资源的知识产权进行保护。

本规范不试图代替各平台参与单位已使用的标识系统，但可以将各单位机构已采用的标识符进行扩展，统一纳入到国家公共文化数字支撑平台体系中进行标识管理。

2 规范性引用文件

下列文件中的条款通过本规范的引用而成为本规范的条款。凡是注明日期的引用文件其所有的修改或修订版均不适用于本规范。

GB/T 2260 中华人民共和国行政区划代码

ISO/IEC 10646 Universal Multiple – Octet Coded Character Set（UCS）

RFC 3986 Uniform Resource Identifier（URI）：Generic Syntax

RFC 3629 UTF – 8，a Transformation Format of ISO 10646

《国家图书馆数字资源唯一标识符规范和应用指南》

3 术语和定义

3.1 PDOI 名称（PDOI Name）

在 PDOI 系统内定义一个唯一对象（标识对象）的字符串。PDOI 名称可以由遵循 PDOI 语法规则的字幕、数字、字符组成。

3.2 PDOI 语法（PDOI Syntax）

PDOI 名称中字符的形式、顺序的组成规则，具体指 PDOI 名称前缀、分隔符、后缀的形式和特征。

3.3 持久性（Persistent）

不受时间影响而存在，能够脱离标识符分配者的直接控制应用在各种服务中。也可与其他标识符系统存在映射关系。

3.4 对象数据（Object）

存储资源本身的数字文件。

3.5 元数据(Metadata)

描述对象数据的数据。

3.6 唯一标识(Unique Identification)

有且仅有一个对象被该 PDOI 标识。

3.7 兼容性(Compatibility)

PDOI 标识符的兼容性体现在 PDOI 号码的后缀中可以包含任何已有的标识符,例如国际标准书号 ISBN、国际标准刊号 ISSN、国际标准文本代码 ISTC、出版物件标识符 PII 等。

3.8 互操作性(Interoperability)

PDOI 的处理系统可以与任何因特网上不同的计算机操作系统在处理同一数据时保持一致,能与不同时期的技术系统兼容。

4 语法规则

4.1 一般规则

PDOI 是为达到 PDOI 系统的目的而建立一个无任何含义的字符串。一个 PDOI 名称标识唯一的一个数字对象。PDOI 语法规则规定了 PDOI 的组成。PDOI 由以下三部分组成:

a. 前缀元素

b. 分隔前后缀的向前斜线"/"('\0x2F')

c. 后缀元素

前缀由分级的子命名授权段组成,每个子命名授权段之间用字符"."('\0x2E')分隔。后缀是本地命名授权,在同一前缀命名空间下,后缀名应是唯一的。

PDOI 名称应遵循 URI 语法规则。PDOI 名称字符串以及前后缀元素的长度都没有限制,在实际应用中,PDOI 名称字符串可能受到相关通讯协议的限制。PDOI 是不区分大小写的,可以使任何 ISO/IEC 10646 字符集中的任何字符。

4.2 PDOI 前缀

PDOI 的前缀是命名授权。命名授权由多个非空的命名授权段来构成,每个段由字符"."('\0x2E')分隔。PDOI 的前缀由命名授权段组成,一般情况如下:

a. 第一个命名授权段是中国唯一标识符命名授权。

b. 第二个命名授权段是行业/系统/地区/机构命名授权。

c. 根据应用需要,PDOI 的应用机构可增加第三个、第四个命名授权段,但命名授权段的数量不宜超过四个。

4.3 PDOI 后缀

PDOI 后缀与前缀之间用向前斜线“/”(‘\0x2F’)分隔，同一个前缀元素下的每个后缀应该都是唯一的。唯一的一个后缀可以是一个顺序号，也可以是另外一个系统的标识号。

4.4 PDOI 的显示

当 PDOI 在屏幕显示或打印时，在 PDOI 名称前需放置一小写的“pdoi:”，其中冒号为半角。

5 国家公共文化数字支撑平台 PDOI 管理

5.1 前缀管理

文化部全国公共文化发展中心作为国家公共文化数字支撑平台管理机构，负责所辖省级分中心、市级支中心、相关文化组织机的标码前缀申请、注册、解析和管理工作。

5.2 各级中心标码前缀示例

国家中心:86.8000/ ***
省级分中心:86.8000.11 / ****
市级支中心:86.8000.11. *** / *****

注释:其中

第一个字段 86 固定代表中国;
第二字段 8000 代表国家中心;
第三个字段代表各省中心，支撑平台规定为由身份证前 2 位数字组成;
第四个字段代表省级分中心下属各机构，由各省自定义，不超过 3—4 位数字。
“/”后的后缀，是各省已采用的标码系统，保持不变。

5.3 显示示例

pdoi: 86.8000/ ***，通过 PDOI 可以查找到资源的一些信息。

附录：国家中心及各省级分中心前缀一览表

ID	名称	前缀
1	国家中心	86.8000/
华北地区		
2	北京	86.8000.11/
3	天津	86.8000.12/
4	河北	86.8000.13/
5	山西	86.8000.14/
6	内蒙古	86.8000.15/
东北地区		
7	辽宁	86.8000.21/
8	吉林	86.8000.22/
9	黑龙江	86.8000.23/
华东地区		
10	上海	86.8000.31/
11	江苏	86.8000.32/
12	浙江	86.8000.33/
13	安徽	86.8000.34/
14	福建	86.8000.35/
15	江西	86.8000.36/
16	山东	86.8000.37/
华中地区		
17	河南	86.8000.41/
18	湖北	86.8000.42/
19	湖南	86.8000.43/
20	广东	86.8000.44/
21	广西	86.8000.45/
22	海南	86.8000.46/
西南地区		
23	重庆	86.8000.50/
24	四川	86.8000.51/
25	贵州	86.8000.52/
26	云南	86.8000.53/

续表

ID	名称	前缀
27	西藏	86.8000.54/
西北地区		
28	陕西	86.8000.61/
29	甘肃	86.8000.62/
30	青海	86.8000.63/
31	宁夏	86.8000.64/
32	新疆	86.8000.65/
33	新疆兵团	86.8000.66/

视频资源加工规范

目 录

1 编制说明

《国家公共文化数字支撑平台视频资源加工规范》是"国家公共文化数字支撑平台资源建设标准规范研制项目"的研究成果之一,是为创建国家公共文化数字支撑平台服务的。本规范是建立在调研国内外数字资源加工规范的发展现状及相关标准、分析数字资源和应用环境类型的基础上,为在新兴网络技术和新媒体技术快速发展的背景下保障国家公共文化数字支撑平台数字资源的有效整合、管理和发布制定的。

2 范围

《国家公共文化数字支撑平台视频资源加工规范》规定了视频资源数字化加工应遵循的标准,包括工作流程标准、元数据加工标准、视频数字对象的命名规则等。本规范给出了适用于视频资源发布服务级的推荐标准。本规范用于模拟视频、数字视频的采集、编码转换、编辑以及发布。本规范适用于全国各级、各类型文化机构在模拟视频、数字视频的采集、编码转换、编辑以及发布工作,同时也可供从事相关业务的单位参考使用。

3 规范性引用文件

下列文件对于本规范的应用是必不可少的。凡是注日期的引用文件,仅所注日期的版本适用于本规范。凡是不注日期的引用文件,其最新版本(包括所有的修改版)适用于本规范。

GB/T 7400—2011 广播电视术语

GB/T 14857—1993 演播室数字电视编码参数规范

GY/T 155—2000 高清晰度电视节目制作及交换用视频参数值

ITU－T 建议 H.264(2013)通用视听业务的先进视频编码(Advanced video coding for generic audiovisual services)

ISO/IEC 15444－1:2004 标准 JPEG 2000 图像编码系统:核心编码系统(JPEG 2000 image coding system: Core coding system)

4 术语和定义

下列术语和定义适用于本文件。

4.1 模拟视频(Analog Video)

以电磁信号记录的视频资料。

4.2 数字视频(Digital Video)

以数字信息记录的视频资料。

4.3 采集(Capturing)

将模拟的视频内容采样编码为数字内容。

4.4 视频分辨率(Video Resolution)

视频图像的大小或尺寸。
示例:355×288,176×144,640×480,1024×768

4.5 比特率(Bit Rate)

传送二进制的速度。单位为每秒传送的位数。

4.6 视频帧速(Frame Rate)

单位时间内传输的视频画面数量。一般用帧/秒或 fps 表示。

4.7 音频采样(Audio Sample)

视频数据中音频信号的采样方式。
示例:立体声 48kHz

4.8 压缩(Compression)

以较少的位表达原始数据的编码过程。

4.9 编码(Coding)

数据变换或数据表示的过程。(GB/T 17975.2:2000 术语和定义 3.20)

4.10 盘(Disc)

信息被压制或压缩在材料表面上,可以用特殊的设备将其恢复的,扁平的圆形数据媒介。

4.11 磁带(Magnetic Tape)

通常用塑料制成、表面覆盖着可以记录数据的磁化层的带子。

4.12 光盘(Optical Disc)

通过激光扫描仪记录、回放或检索数据的盘(4.10)。

4.13 存储(Storage)

为数据和文献的后续利用而进行的放置和保持的过程。

4.14 存储卡(Memory Card)

一种固态电子快闪存储器数据存储设备,多为卡片或者方块状。

4.15 发布服务级(Service Level)

以获取和使用为目的,发布在服务器上,用户能够通过因特网快速下载、浏览的数字视频。这种级别的文件通常分辨率较低、体积小。

4.16 编辑保存级(Preservation Level)

以编辑保存为目的,在确保数字视频数据的逻辑和内容完整性的前提下,编辑并保存视频数据,使得随着时间的流逝和技术的变化,还能够对存档的数据进行读取和编辑。

4.17 格式(Format)

预先确定的数据媒介上的数据排列(GB/T 4894—2009 术语 4.1.1.4.9)。

4.18 文件扩展名(File Extension)

计算机文件的末尾显示的字母,帮助计算机区分文件的格式。
示例:.f4v,.mp4,.avi

4.19 F4V

Flash 视频(Flash Video;FLV)格式的扩展,支持 H.264 编码。

4.20 高级音频编码(Advanced Audio Coding; AAC)

由 Fraunhofer IIS、杜比实验室、AT&T、Sony 等公司共同开发的一种音频压缩标准,广泛用于各种音频设备。

4.21 MP4

一种压缩标准,使用 MPEG-2 AAC 技术,以储存数码音频及数码视频为主。

4.22 素材交换格式(Material Exchange Format; MXF)

美国电影电视工程师协会(Society of Motion Picture and Television Engineers; SMPTE)组织定义的一种专业音视频媒体文件格式。MXF 文件通常被视为一种"容器"文件格式。

4.23 线性脉冲编码调制(Linear Pulse Code Modulation; LPCM)

以连续线性取样的方式撷取模拟信号转换成数字信号。

4.24 JPEG 2000

由联合图像专家组(Joint Photographic Experts Group; JPEG)创建和维护的一种基于小波变换的图像压缩标准,同时支持有损数据压缩和无损数据压缩。

4.25 压缩比

数据被压缩的比例,输入流比特率与输出流比特率的比值。

5 资源级别、加工标准和格式体系

5.1 编辑保存级

编辑保存级的数字视频资源主要用于进行编辑和长期保存,也可作为格式转换和复制的母本,以备必要时再利用,要求有互操作性强、使用广泛、质量高的特点,因此推荐采用MXF封装的JPEG2000无损压缩编码,也可在存储和应用成本有限的情况下使用MP4封装的H.264编码作为二级替代标准。根据不同存储和应用成本推荐的规格参数,如表1和表2。

表1 编辑保存级视频资料一级加工标准和格式体系

存储与应用级别	主要编码参数				
	视频分辨率	视频帧速(fps)	视频编码	封装格式	音频编码
一级	与视频源保持一致	与视频源保持一致	JPEG 2000 (整数5/3小波变换)	MXF (OP1a)	LPCM

国家公共文化数字支撑平台的视频来源和介质多种多样,视频源参数也不尽相同,本规范中以分辨率为标准PAL(720×576)和HDTV(1920×1080)的视频源为例示明编辑保存级视频资料二级加工标准和格式体系。

表2 编辑保存级视频资料二级加工标准和格式体系

<table>
<tr><th rowspan="2">存储与应用级别</th><th colspan="7">主要编码参数</th></tr>
<tr><th>视频分辨率</th><th>视频帧速(fps)</th><th>视频比特率(kbps)</th><th>音频比特率(kbps)</th><th>视频编码</th><th>封装格式</th><th>音频编码</th></tr>
<tr><td rowspan="2">二级</td><td>720×576
(PAL)</td><td rowspan="2">25/30</td><td>3000</td><td rowspan="2">384</td><td>H.264
(Hi422P@Level3.1
gop=25,ref=8,crf=18
8比特量化)</td><td rowspan="2">MP4</td><td rowspan="2">AAC,立体声,48kHz,16bit量化</td></tr>
<tr><td>1920×1080
(HDTV)</td><td>15000</td><td>H.264
(Hi422P@Level4.2
gop=25,ref=8,crf=18
8比特量化)</td></tr>
<tr><td colspan="8">注:若视频源参数不同于表中所列,则应保持其各项参数不变,以避免上下变换、重采样等影响编辑保存级资源的质量,从而做到最大限度的无损转换与编码压缩,同时视音频比特率也应相应变化,在存储与应用成本允许的情况下就高不就低,推荐使用x264编码器进行H.264的视频编码</td></tr>
</table>

5.2 发布服务级

根据国家公共文化数字支撑平台视频源质量,将原始资源分为两类:第一类为高清视频资源,这类视频资源的画面宽高比一般为16:9,多由广播级高清摄像机拍摄形成,介质多为存储卡、数字视频光盘和高清磁带;第二类为非高清视频资源,这类视频资源的画面宽高比一般为4:3,来源和介质多种多样。

发布服务级的数字视频资源主要用于检索、浏览、下载等服务,根据具体用途和使用对象的不同又可分为以下3个级别:

(1)高级:多用于投影仪、计算机、移动播放器、共享机、非编设备以及电子政务外网(或硬盘方式)下发。

(2)中级:多用于局域网、卫星广播及投包、卫星播发以及政务外网(或硬盘方式)下发。

(3)低级:多用于互联网访问。

综上,根据不同视频源质量以及使用目的和应用场景推荐的规格参数,如表3。

表3　发布服务级视频资料加工标准和格式体系

<table>
<tr><th rowspan="2">画面宽高比</th><th rowspan="2">应用级别</th><th colspan="7">主要参数建议</th></tr>
<tr><th>视频分辨率</th><th>视频帧速(fps)</th><th>视频比特率(kbps)</th><th>音频比特率(kbps)</th><th>封装格式</th><th>视频编码</th><th>音频编码</th></tr>
<tr><td rowspan="3">16:9</td><td>高级</td><td>1280×720(720P)</td><td rowspan="6">25/30</td><td>3200</td><td>256</td><td rowspan="6">MP4或F4V</td><td rowspan="2">H.264(HiP@ Level3.1,gop=25,ref=5,8比特量化,4:2:0取样结构)</td><td>AAC,48kHz,立体声,16bit量化</td></tr>
<tr><td>中级</td><td>854×480(FWVGA)</td><td>1400</td><td rowspan="5">128</td><td rowspan="2">AAC,44.1kHz,立体声,16bit量化</td></tr>
<tr><td>低级</td><td>640×360(nHD)</td><td>800</td><td>H.264(HiP@ Level3,gop=25,ref=3,8比特量化,4:2:0取样结构)</td></tr>
<tr><td rowspan="3">4:3</td><td>高级</td><td>720×576(PAL)</td><td>1500</td><td>H.264(HiP@ Level3.1,gop=25,ref=5,8比特量化,4:2:0取样结构)</td><td>AAC,48kHz,立体声,16bit量化</td></tr>
<tr><td>中级</td><td rowspan="2">640×480(VGA)</td><td rowspan="2">1000</td><td rowspan="2">H.264(HiP@ Level3,gop=25,ref=3,8比特量化,4:2:0取样结构)</td><td rowspan="2">AAC,44.1kHz,立体声,16bit量化</td></tr>
<tr><td>低级</td></tr>
</table>

续表

<table>
<tr><th rowspan="2">画面宽高比</th><th rowspan="2">应用级别</th><th colspan="7">主要参数建议</th></tr>
<tr><th>视频分辨率</th><th>视频帧速（fps）</th><th>视频比特率（kbps）</th><th>音频比特率（kbps）</th><th>封装格式</th><th>视频编码</th><th>音频编码</th></tr>
<tr><td colspan="9">注：帧速以视频源帧速为上限，并且以忠于视频源帧速为最优。若资料源音频为单声道，则不必加工为立体声；若非高清视频源的分辨率低于 VGA 级别，则以其原分辨率作为各应用级别的分辨率。建议根据视频源内容决定使用可变码率或固定码率，本表所推荐的加工标准与格式体系同样适用于移动设备访问。推荐使用 x264 编码器进行 H.264 的视频编码</td></tr>
</table>

6 数字加工流程

6.1 加工准备

应对拟加工的视频资源保存情况进行评估、盘点、核查，筛选出需要加工的视频资源并进行登记，对有缺损和不适合加工的资源登记后进行修复或保护等处理，必要时对视频资源的载体进行适度的清洗和修复。

应在加工之前对加工级别及技术参数、采集与处理、元数据加工、命名、质量管理等进行一致性约定。

6.2 内容采集

6.2.1 模拟视频采集

6.2.1.1 采集方式

通过视频采集卡将模拟磁带内容按采集标准采集到存储设备。

6.2.1.2 采集内容

磁带首尾导带之间的所有内容。采集中因不可抗拒的原因被迫中断且无法修复的，保存已采集视频，并将内容信息记录到元数据。

6.2.2 数字视频采集

6.2.2.1 采集方式

（1）数字磁带

通过视频采集卡和数据线将数字内容按采集标准采集到存储设备。

（2）数字视频光盘或存储卡

直接通过软件或读卡设备将视频内容及关联文件拷贝到计算机，或通过格式转换软件将其转换成选定的采集格式。

6.2.2.2 采集内容

（1）数字磁带

磁带首尾导带之间的所有内容。采集中因不可抗拒的原因被迫中断且无法修复的，保存已采集视频，并将内容信息记录到元数据。

(2)数字视频光盘和存储卡

内容包括主视频文件、片花、花絮、字幕。采集中因不可抗拒的原因被迫中断且无法修复的,保存已采集视频,并将内容信息记录到元数据。含多语种字幕的,保留所有语种和字幕文件,并将其与视频主文件一起封装关联保存。

6.3 压缩转换

选择需加工的资源,通过相应设备转换成目标格式。

6.4 视频编辑

对拟提供服务的数字对象,如需进行处理,按下列情形进行:

——对影像中的黑屏、镜头严重抖动、因操作失误造成的无关影像等在不影响节目内容判读的原则下进行删除处理,以符合浏览惯例。

——对影像中加插的广告等不剪切。

——影像的色彩饱和度、亮度和对比度影响视频效果的,需进行色彩饱和度、亮度、对比度处理,以达到更为清晰的视频效果。

——不对数字成品做音频方面编辑加工。

——对自建资源添加片头和片尾文字信息。片头包含:活动主题、主讲人、主持人;片尾包含:活动主办/协办单位、收藏单位、拍摄时间。片头片尾字幕底色为蓝色或黑色,字为白色。

——字幕挂接。字幕的出现和消失需与原始视频中字幕的出现和消失在时间线上保持一致。字幕含多语种的,需挂接多语种字幕。

6.5 元数据加工

视频数据加工过程中涉及的元数据的创建应遵守《国家公共文化数字支撑平台数字资源元数据规范》项目成果的规定。著录人员在元数据加工环节中需要创建描述元数据,在视频数据加工过程中需要创建的管理元数据如表4。

表4　视频资源数字化加工过程中创建的管理元数据

元素	定义
标识符	唯一识别信息资源的标识
视频编码格式	视频数字化的编码方式
视频取样格式	视频信息编码时从原始图像信息中取样的方式
视频数据码率	视频数据码流每秒传输的比特数
音频编码格式	数字音频采样序列的编码格式
音频采样频率	录音设备在一秒钟内对声音信号的采样次数,如44.1KHz
音频数据码率	音频数据码流每秒传输的比特数
音频位深度	在视频资源数字化时声音样本信息使用的比特数,也称为声音样本量的量化深度,如16位
声道格式	描述视音频资源的声音通道之间的关系,如立体声

续表

元素	定义
色彩	描述视频资源显现的色彩种类,如黑白
画面宽高比	视频资源显示画面的宽度与高度之比,如4:3
时长	播放资源正式有效内容的实际时间长度
分辨率	视频图像的大小或尺寸
字幕形式	视频资源的字幕表现形式
声音特征	视频资源的声音特征
文件格式	资源的数据格式,用于注明需要用什么软件或硬件来显示和执行此文件
文件大小	视频资源文件的大小,如150M
语种	资源的语种
来源	与当前资源来源有关的资源
关联	指明与本资源存在某种关系的其他资源
源载体	当本资源转换自其他载体时,说明资源的源载体特征
加工单位	资源的加工机构
加工类型	包括内容采集、压缩转换、视频编辑等
加工时间	加工操作发生的时间
加工设备	加工的硬件环境,如"大洋"非线性编辑系统
注:表中的元素及其定义来自并扩展于《国家公共文化数字支撑平台数字资源元数据规范》;表中的元素如果不能满足实际加工需要,可以根据《国家公共文化数字支撑平台数字资源元数据规范》的规定添加或自定义扩展元素项	

6.6 质量检验

加工过程中应对视频数字对象、视频对象元数据进行质量检验,确保完全合格。

视频数字对象的检验项目,包括视频文件夹和文件名命名正确,文件采集完整、无漏帧,所有文件能正常打开、播放和显示,分辨率、采样频率和其他技术指标达到"5　资源级别、加工标准和格式体系"中的技术规范。

保证视频正确反映原始资源。对于出现问题的视频,确定其为采集过程中造成的,应进行重新采集。

6.7 过程管理

应建立过程管理表,详细登记视频数字加工流程,并及时整理、汇总,相关文档装订成册,在数字化工作完成的同时建立起完整、规范的记录。

应建立视频数字加工各环节的安全管理机制,确保实物在加工过程中不丢失、不损坏。

7 命名规则

应为加工后的视频数据文件或文件夹及存储介质进行命名。推荐的命名规则由以下部分组成:资源代码+资源级别代码+资源名。各部分直接连接,不使用连接符号。各部分的说明如下:

(1)资源代码为资源编号+加工年份。资源编号代表资源的ID,加工年份为2位数字。

(2)资源级别代码由2位字母组成,代表资源的应用级别,在本规范中用字母A表示编辑保存级,因存储和应用成本不同又分为一级和二级,分别用字母H和L表示;用字母D表示发布服务级,因用途和使用场景不同又分为高级、中级和低级。

高级:用字母DH表示。

中级:用字母DM表示。

低级:用字母DL表示。

(3)资源名的命名规则应符合但不限于以下约束:

——拥有唯一标识符、具备连续一致的结构,不能与其他资源标识符重复;

——应严格遵守计算机系统对文件命名的限制;

——具备长期可用性,文件命名方式不依赖于某种处理或者系统,文件名包含的信息不应随着时间的推移而改变;

——文件扩展名采用3位半角小写字母;

——服务文件的命名应与主文件的命名保持一定的继承性。

参考文献

[1] 朱强,等.国家图书馆视频数据加工标准和操作指南[M].北京:国家图书馆出版社,2011

[2] 张成昱,周虹,曾婷,等.我国数字图书馆标准规范建设:通用数字资源(视频数据)格式标准分析报告[EB/OL].[2014-03-08].http://cdls.nstl.gov.cn/cdls2/w3c/2003/Process/

[3] 孙一钢,龙伟,赵四友.我国数字图书馆标准规范建设:数字资源加工标准研究报告[EB/OL].[2014-03-08].http://cdls.nstl.gov.cn/cdls2/w3c/2003/Process/

[4] 孙一钢,龙伟.我国数字图书馆标准规范建设:数字资源加工操作指南研究报告[EB/OL].[2014-03-08].http://cdls.nstl.gov.cn/cdls2/w3c/2003/Process/

[5] 姜秀华,等.数字电视广播原理与应用[M].北京:人民邮电出版社,2007

[6] ITU-TG.1080(2008)IPTV 服务的体验质量要求(Quality of experience requirements for IPTV services)[S].Geneva:ITU-T,2008

[7] National Initiative For A Networked Cultural Heritage. The NINCH guide to good practice in the digital representation and management of cultural heritage materials [EB/OL]. [2014-03-08]. http://www.nyu.edu/ its/humanities/ninchguide/

[8] Carignan Y, Evander J, Gueguen G, et al. Best practice guidelines for digital collections at University of Maryland Libraries[J]. Office of Digital Collections and Research, University of Maryland, College Park, MD., Second Edition Draft released April, 2007(17)

[9] Arms C, Fleischhauer C, Jones J. Sustainability of digital formats planning for the Library of Congress collections[J]. Retrieved January, 2005(24)

[10] Library of Congress. Digital Audio-Visual Preservation Prototyping Projects: Appendix5: Special Consideration for Digital Video and Audio [EB/OL]. [2014-03-08]. http://www.loc.gov/rr/mopic/avprot/rfq5.html

[11] MeWiki. X264 Settings [EB/OL]. [2014-03-08]. http://mewiki. project357.com/wiki

[12] Santa-Cruz D, Ebrahimi T, Askelof J, et al. JPEG 2000 still image coding versus other standards [C]//International Symposium on Optical Science and Technology. International Falls: International Society for Optics and Photonics, 2000

数字资源元数据标准规范、交换标准规范及著录规则

目　录

数字资源元数据规范

1 编制说明

《国家公共文化数字支撑平台数字资源元数据规范》是"国家公共文化数字支撑平台资源建设标准规范研制项目"的研究成果之一,是为创建国家公共文化数字支撑平台资源数据库服务的。本规范是建立在调研国内外数字文化资源元数据研究现状及用户需求、分析数字文化资源特征的基础上,主要针对全国公共文化发展中心及分中心数字文化资源的实际情况制定的。

本规范非等效采用 GB/T 25100—2010《信息与文献——都柏林核心元数据元素集》国家标准、GY/T 202.1—2004《广播电视音像资料编目规范 第1部分:电视资料》广播电影电视行业标准、GY/T 202.2—2007《广播电视音像资料编目规范 第2部分:广播资料》广播电视行业标准、GC－HD090189《国家图书馆图像元数据标准规范》、GC－HD090190《国家图书馆视频资源元数据规范》以及 GC－HD090192《国家图书馆音频资源元数据规范》等标准规范。《国家公共文化数字支撑平台数字资源元数据规范》参考《信息与文献——都柏林核心元数据元素集》设置了21个元素,108个修饰词。使用单位如有特别需要,可在此基础上进一步扩展元素或修饰词。

2 范围

《国家公共文化数字支撑平台数字资源元数据规范》规定了文化数字资源的著录单位、著录对象间的关系、元素及修饰词设置等。本规范既适用于原生数字文化资源也适用于数字化的文化资源,其载体类型包括视频资源、音频资源、图像资源以及数据库。本规范不对数字文化资源的技术信息做专门规定。

3 规范性引用文件

下列文件对于本规范的应用是必不可少的。凡是注日期的引用文件,仅所注日期的版本适用于本规范。凡是不注日期的引用文件,其最新版本(包括所有的修改版)适用于本规范。

GB/T 25100—2010 信息与文献——都柏林核心元数据元素集

GB/T 7408—2005 数据元和交换格式 信息交换 日期和时间表示法

GY/T 202.1—2004 广播电视音像资料编目规范 第1部分:电视资料

GY/T 202.2—2007　广播电视音像资料编目规范 第 2 部分:广播资料
GC－HD090189　国家图书馆图像元数据标准规范
GC－HD090190　国家图书馆视频资源元数据规范
GC－HD090192　国家图书馆音频资源元数据规范

4　术语和定义

4.1　数字文化资源　(Digital Culture Resource)

利用数字化技术创建表示的文化资源。

4.2　视频资源　(Video Resource)

用于存储活动或静止图像的媒体,所记录的视频需用特定的回放设备(如视频播放器、DVD 播放机等)播放。既包括用数字信号存储的视频资源,也包括用模拟信号存储的视频资源,但不包括静态图像资源。

4.3　音频资源　(Audio Resource)

用于存储载有声音的媒体,所记录的音频需用特定的回放设备(如 MP3 播放器、CD 播放器、唱机、录音机等)播放。既包括以数字信号存储的音频资源,也包括以模拟信号存储的音频资源。

4.4　图像资源　(Image Resource)

以静态二维图形(可具有三维的体视效应)为信息承载体,并主要通过人的视觉来感知与接收的信息资源(不包含三维图像),包括图片、照片、幻灯片等。

4.5　数据库　(Database)

为满足用户多种需求,在计算机存储设备上按一定组织方式合理存放的相互关联的全部数据的集合。

4.6　元数据　(Metadata)

关于信息资源或数据的一种结构化的数据。

4.7　元素　(Element)

数字资源元数据的基本语义单位,描述数字资源元数据框架内的基本实体。

4.8　修饰词　(Refinement)

对信息资源元数据语义单位的细化,是某一语义单位的属性的描述。修饰词包括元素修饰词和编码体系修饰词。元素修饰词限定元素含义的范围,使其更具有专指性;编码体系修饰词说明元素值所属的编码体系。

5 著录单位及著录对象分析

5.1 著录单位

数字文化资源通常是以一个具有独立标识(例如:一个唯一名称、URI、DOI 等)的文件为著录单位。著录单位可以是单个数字文化资源,也可以是成系列的数字文化资源或者是单个数字文化资源数据库,甚至可以是从单个文件中析出的数字文化信息。

5.2 著录对象间的关系

在数字文化资源不同的著录对象之间存在从属关系、引用关系、派生关系以及并列关系。

(1)从属关系。系列数字文化资源与其所含的具有独立标识的单个数字文化资源之间,或者单个数字文化资源文件与其析出的数字文化信息之间存在从属关系。存在从属关系的数字文化资源可采用多层次著录法,并用“包含”或“包含于”关联方式予以链接。

(2)引用关系。一个数字文化资源与另一个数字文化资源之间存在引用或被引用关系。存在引用关系的数字文化资源可分别编制记录,必要时可用“参考”或“被参考”的关联方式予以链接。

(3)派生关系。在数字文化资源的原件与复制件之间,模拟信号的文化资源与数字化文化资源之间,由一种格式转换为另一种格式的数字文化资源之间存在派生关系。

(4)并列关系。在同一系列数字文化资源中各单个数字文化资源之间,或者从单个数字文化资源文件中析出的各数字文化信息之间存在并列关系。

6 元数据规范的内容结构

本规范由 21 个元素和 108 个修饰词组成(见表 1)。使用单位如有特别需要,可遵循扩展原则进行本地扩展。

表 1 数字文化资源元数据规范元素及修饰词一览表

元素	元素修饰词	编码体系修饰词	使用说明
标识符		ID	
		DOI	
		ISRC	
		ISBN	
		URL	
	标识代码		
题名	并列题名		
	交替题名		

续表

元素	元素修饰词	编码体系修饰词	使用说明
题名	其他题名信息		
	系列题名		
	并列系列题名		
	分集总数		
	分集次		
责任者	个人名称		
	团体名称		
	会议名称		
	责任者并列名		
	其他信息		
	责任方式		
版本			
出版发行	出版地		
	出版者		
	出品地		
	出品者		
日期	拍照日期		供图像资源用
	摄制日期		供视频资源用
	录制日期		供音频资源用
	出版日期		
	发布日期		
	创建日期		供数据库用
描述	摘要		
	目次		
	获奖		
	唱法		供音频资源中的声乐(如歌曲)用
	声部		供音频资源中的声乐(如歌曲)用
	演唱形式		供音频资源中的声乐(如歌曲)用
	演奏形式		供音频资源中的器乐或配乐用
	附加块类型		供视频资源用
	附加块描述		供视频资源用
	声道编号		供视频资源用
	声道内容		供视频资源用

续表

元素	元素修饰词	编码体系修饰词	使用说明
描述	附注		
	检索途径		供数据库用
主题		平台数字资源分类法	
		广电分类法	
		中图法	
	关键词		
类型	节目类型		供视音频资源用
	节目形态		供视音频资源用
格式	数量		
	尺寸		供图像资源用
	时长		供视音频资源用
	入点		供视音频资源用
	制式		供视频资源用
	画面宽高比		供视频资源用
	声音特征		供视频资源用
	色彩		供视频资源和图像资源用
	字幕形式		供视频资源用
	分辨率		供视频资源和图像资源用
	声道格式		供视音频资源用
	声音质量		供视频资源用
	画面质量		供视频资源用
	音频编码格式		视音频资源用
	音频数据码率		供视音频资源用
	音频采样频率		供视音频资源用
	音频位深度		供视音频资源用
	视频编码格式		供视频资源用
	视频取样格式		供视频资源用
	视频数据码率		供视频资源用
	文件格式		
语种	声道编号		供视音频资源用
	声道语种		供视音频资源用
	字幕编号		供视频资源用
	字幕语种		供视频资源用
受众			

续表

元素	元素修饰词	编码体系修饰词	使用说明
来源	资源获得方式		
	资源提供者		
		URI	
关联	原版本		供视音频资源用
	其他版本		供视音频资源用
	包含		
	包含于		
	参考		供视音频资源用
	被参考		供视音频资源用
权限	版权拥有者		
	版权声明		
	授权使用者		
	授权使用方式		
	授权起始日期		
	授权使用期限		
	授权使用地域		
	授权文件		
	其他信息		
时空范围	时间范围		
	空间范围		
源载体			
馆藏信息	馆藏地		
	馆藏单位		
	索取号		
资源加工	征集人		
	加工单位		
资源服务	服务方式		
	服务栏目		
	服务时间		
	服务地址		
	服务对象		
资源验收	验收时间		
	验收方式		
	验收人		
	验收意见		
	验收报告		

7 元素及修饰词的定义属性

为规范《国家公共文化数字支撑平台数字资源元数据规范》中元素及修饰词等术语的定义,本规范通过名称、标签、定义、注释、术语类型、限定、数据类型、必备性、可重复性、填写方式这10个属性对元素及修饰词进行定义,详见表2。

表2 视音频资源元数据规范术语定义属性表

序号	属性名	属性定义	约束
1	名称	赋予术语的唯一标记,一般为英文小写	必备
2	标签	描述术语的可读标签,一般为中文,可随资源不同选择不同的描述术语	必备
3	定义	对术语概念与内涵的说明	必备
4	注释	关于术语或其应用的其他说明,如特殊的用法等	可选
5	术语类型	术语的类型,其值为:元素、元素修饰词和编码体系修饰词	必备
6	限定	在定义元素修饰词时,在此明确指出该术语修饰的元素一般给出所修饰元素的名称	有则必备
7	数据类型	术语允许取值的数据类型	必备
8	必备性	必备性包括必备和可选	必备
9	可重复性	可重复性包括可重复和不可重复	必备
10	填写方式	填写方式包括系统自动生成、人工选择以及人工输入	有则必备

在本规范中,元素的"名称"为英文,以便于计算机标记和编码。为了便于人们阅读,"标签"为中文。本规范定义的所有元素及元素修饰词与排列顺序有一定关系,但使用单位也可以根据自身的实际需要决定元素和元素修饰词的排列次序。为了便于理解和应用,每一个元素或元素修饰词均附有示例,举例说明元素或修饰词的具体用法。

8 元素与修饰词

8.1 标识符

名称:identifier

标签:标识符

定义:在特定上下文环境中,给予资源的一个明确的标识。

注释:一般采用字符串或数字代码。建议采用符合正式标识体系的字符串进行标识。正式的标识体系包括数字对象标识符(Digital Object Identifier,简称DOI)、国际标准书号(International Standard Book Number,简称ISBN)以及国际标准音像制品编码(International Standard Recording Code,简称ISRC)等。

术语类型:元素

编码体系修饰词:ID、DOI、ISRC、ISBN、URL、标识代码

数据类型:字符型

必备性:必备

可重复性:不可重复

8.1.1　ID

名称:ID

标签:ID

定义:资源或存储介质的唯一标识。

术语类型:编码体系修饰词

限定:标识符

数据类型:字符型

必备性:必备

可重复性:不可重复

填写方式:系统自动生成

8.1.2　DOI

名称:DOI

标签:DOI

定义:数字对象标识符(Digital Object Identifier,简称 DOI)。

术语类型:编码体系修饰词

限定:标识符

数据类型:字符型

必备性:有则必备

可重复性:不可重复

填写方式:系统自动生成

8.1.3　ISRC

名称:ISRC

标签:ISRC

定义:国际标准音像制品编码(International Standard Recording Code,简称 ISRC)是正式出版发行的国际通用的音像制品的代码。

术语类型:编码体系修饰词

限定:标识符

数据类型:字符型

必备性:有则必备

可重复性:不可重复

填写方式:人工输入

8.1.4　ISBN

名称:ISBN

标签:ISBN

定义:国际标准书号(International Standard Book Number,简称 ISBN)是国际上通用的出版物标识编号。

术语类型:编码体系修饰词

限定:标识符

数据类型:字符型

必备性:有则必备

可重复性:不可重复

填写方式:人工输入

8.1.5　标识代码

名称:URL

标签:URL

定义:统一资源定位符(Uniform Resource Locator,简称 URL)是互联网上用来标识某一特定信息页所用的一个短的字符串。

术语类型:编码体系修饰词

限定:标识符

数据类型:字符型

必备性:有则必备

可重复性:不可重复

填写方式:人工输入

8.1.6　标识代码

名称:relationsID

标签:标识代码

定义:检索结果与数据或存储介质之间的唯一标识。

注释:通常为上载文件名。

术语类型:元素修饰词

限定:标识符

数据类型:字符型

必备性:必备

可重复性:不可重复

填写方式:人工输入

8.2　题名

名称:title

标签:题名

定义:赋予资源的名称。

注释:一般指资源正式公开的名称,也可包括编目员自拟的资源名称。

术语类型:元素

元素修饰词:并列题名、交替题名、其他题名信息、系列题名、并列系列题名、分集总数、分集次

数据类型:字符型

必备性:必备

可重复性:可重复

填写方式:人工输入

8.2.1　并列题名

名称:parallelTitle

标签:并列题名

定义:用另一种语言文字表示的题名。

术语类型:元素修饰词

限定:题名

数据类型:字符型

必备性:有则必备

可重复性:可重复

填写方式:人工输入

8.2.2　交替题名

名称:alternative

标签:交替题名

定义:资源正式名称的别名。

注释:可替代资源正式名称使用的别名,但不包括并列题名。

术语类型:元素修饰词

限定:题名

数据类型:字符型

必备性:有则必备

可重复性:可重复

填写方式:人工输入

8.2.3　其他题名信息

名称:otherTitleInformation

标签:其他题名信息

定义:用来限定、补充、解释、说明正式题名的文字。

术语类型:元素修饰词

限定:题名

数据类型:字符型

必备性:有则必备

可重复性:可重复

填写方式:人工输入

8.2.4　系列题名

名称:seriesTitle

标签:系列题名

定义:资源所属系列的名称。

术语类型:元素修饰词
限定:题名
数据类型:字符型
必备性:有则必备
可重复性:不可重复
填写方式:人工输入

8.2.5　并列系列题名

名称:parallelSeriesTitle
标签:并列系列题名
定义:用另一种语言文字表示的资源所属系列的名称。
术语类型:元素修饰词
限定:题名
数据类型:字符型
必备性:可选
可重复性:不可重复
填写方式:人工输入

8.2.6　分集总数

名称:totalNumberOfEpisodes
标签:分集总数
定义:资源所属系列的集数总和。
术语类型:元素修饰词
限定:题名
数据类型:字符型
必备性:有则必备
可重复性:不可重复
填写方式:人工输入

8.2.7　分集次

名称:numberOfAnEpisode
标签:分集次
定义:资源所属系列的分集序号。
术语类型:元素修饰词
限定:题名
数据类型:字符型
必备性:有则必备
可重复性:不可重复
填写方式:人工输入

8.3　责任者

名称:creator

标签:责任者

定义:对资源的知识内容或艺术内容负责的个人或团体。

注释:责任者是对资源内容创作负责的实体,包括个人名称、团体名称以及会议名称。

术语类型:元素

元素修饰词:个人名称、团体名称、会议名称、责任者并列名、责任方式、其他信息

数据类型:字符型

必备性:有则必备

可重复性:不可重复

8.3.1 个人名称

名称:personalName

标签:个人名称

定义:对资源的知识内容或艺术内容负责的个人。

术语类型:元素修饰词

限定:责任者

数据类型:字符型

必备性:有则必备

可重复性:可重复

填写方式:人工输入

8.3.2 团体名称

名称:corporateName

标签:团体名称

定义:对资源的知识内容或艺术内容负责的团体。

术语类型:元素修饰词

限定:责任者

数据类型:字符型

必备性:有则必备

可重复性:可重复

填写方式:人工输入

8.3.3 会议名称

名称:conferenceName

标签:会议名称

定义:对资源的知识内容或艺术内容负责的会议。

术语类型:元素修饰词

限定:责任者

数据类型:字符型

必备性:有则必备

可重复性:可重复

填写方式:人工输入

8.3.4　责任者并列名

名称:parallelNameOfCreator

标签:责任者并列名

定义:用另一种语言文字表示的个人名称、团体名称或会议名称。

术语类型:元素修饰词

限定:责任者

数据类型:字符型

必备性:有则必备

可重复性:可重复

填写方式:人工输入

8.3.5　其他信息

名称:otherInformation

标签:其他信息

定义:责任者信息的补充说明。

术语类型:元素修饰词

限定:责任者

数据类型:字符型

必备性:有则必备

可重复性:可重复

填写方式:人工输入

8.3.6　责任方式

名称:role

标签:责任方式

定义:对资源的知识内容或艺术内容进行创作、整理的方式。

术语类型:元素修饰词

限定:责任者

数据类型:枚举型

必备性:有则必备

可重复性:可重复

填写方式:人工选择(下拉菜单设“编导、编辑、编剧、编曲、编舞、表演、创建(数据库的创建入此)、承办、场记、策划(总策划入此)、播出调音、导播、导演、导演助理、导演组、道具、道具设计、灯光、灯光总设计、电脑灯、翻译、服装、服装设计、歌舞统筹、后期制作、化装/造型、化装设计、绘、激光技术、记者、技术监制、监制、剪辑、解说、剧务、剧务主任、扩音调音师、录音合成、美工、美术设计、美术总设计、配音、片头制作、摄像、摄影、升降臂技术、视频技术、受访者、图文字幕、团体演出、武术指导、舞蹈、舞美监制、演唱、演讲、演奏、音乐编辑、音乐录音、音乐总监、音频技术、音频制作、音效、乐队首席、指挥、制片、制片人、制片主任、主办、主编、主持人/播音、主讲人、主演、撰稿、总录音师、总体设计、作词、作曲、作者”)

8.4 版本

名称:edition

标签:版本

定义:指明资源的版本信息。

注释:某一种数字文化资源因表演、编辑、制作形式的不同而产生的另一种数字文化资源,但不包括格式的差别。

术语类型:元素

数据类型:枚举型

必备性:有则必备

可重复性:不可重复

填写方式:人工选择(下拉菜单设"播出版、共享工程成品版、精编版、母版、素材版、外文原版、修订版、修复版、译制版、音像制品版、资料版、其他"。)

8.5 出版发行

名称:publicationDistribution

标签:出版发行

定义:与资源的出版、制作、发行等活动有关的数据。

术语类型:元素

元素修饰词:出版地、出版者、出品地、出品者

数据类型:字符型

必备性:有则必备

可重复性:不可重复

8.5.1 出版地

名称:placeOfPublication

标签:出版地

定义:资源出版者的所在地。

术语类型:元素修饰词

限定:出版发行

数据类型:字符型

必备性:有则必备

可重复性:可重复

填写方式:人工输入

8.5.2 出版者

名称:publisher

标签:出版者

定义:使资源可以获得和利用的责任实体。

注释:出版者包括个人、组织或某项服务。通常用出版者的名称来标识。

术语类型:元素修饰词

限定:出版发行
数据类型:字符型
必备性:有则必备
可重复性:可重复
填写方式:人工输入

8.5.3　出品地

名称:placeOfProduction
标签:出品地
定义:视音频资源出品者的所在地。
术语类型:元素修饰词
限定:出版发行
数据类型:字符型
必备性:有则必备
可重复性:可重复
填写方式:人工输入

8.5.4　出品者

名称:producer
标签:出品者
定义:从事视音频资源出品活动的单位或个人。
术语类型:元素修饰词
限定:出版发行
数据类型:字符型
必备性:有则必备
可重复性:可重复
填写方式:人工输入

8.6　日期

名称:date
标签:日期
定义:与资源生命周期中的一个事件相关的时刻或一段时间。
注释:按照"YYYY－MM－DD"的格式表示日期。
术语类型:元素
元素修饰词:拍照日期、摄制日期、录制日期、出版日期、发布日期、创建日期
数据类型:日期型
必备性:必备
可重复性:不可重复

8.6.1　拍照日期

名称:dateOfPhoto
标签:拍照日期

定义:拍照片的日期。

注释:拍照日期仅供图像资源用。按照“YYYY - MM - DD”的格式表示拍照日期。

术语类型:元素修饰词

限定:日期

数据类型:日期型

必备性:有则必备

可重复性:不可重复

填写方式:人工输入

8.6.2 摄制日期

名称:screeningDate

标签:摄制日期

定义:视频资源拍摄制作完成的日期。

注释:摄制日期仅供视频资源用。按照“YYYY - MM - DD”的格式表示摄制日期。

术语类型:元素修饰词

限定:日期

数据类型:日期型

必备性:有则必备

可重复性:不可重复

填写方式:人工输入

8.6.3 录制日期

名称:recordedDate

标签:录制日期

定义:音频资源录制完成的日期。

注释:录制日期仅供音频资源用。按照“YYYY - MM - DD”的格式表示录制日期。

术语类型:元素修饰词

限定:日期

数据类型:日期型

必备性:有则必备

可重复性:不可重复

填写方式:人工输入

8.6.4 出版日期

名称:dateOfPublication

标签:出版日期

定义:资源正式出版的日期。

注释:按照“YYYY - MM - DD”的格式表示出版日期。

术语类型:元素修饰词

限定:日期

数据类型:日期型

必备性:有则必备

可重复性:不可重复

填写方式:人工输入

8.6.5　发布日期

名称:issued

标签:发布日期

定义:资源正式发布的日期。

注释:按照"YYYY - MM - DD"的格式表示发布日期。

术语类型:元素修饰词

限定:日期

数据类型:日期型

必备性:有则必备

可重复性:可重复

填写方式:人工输入

8.6.6　创建日期

名称:created

标签:创建日期

定义:资源正式创建的日期。

注释:按照"YYYY - MM - DD"的格式表示创建日期。

术语类型:元素修饰词

限定:日期

数据类型:日期型

必备性:有则必备

可重复性:不可重复

填写方式:人工输入

8.7　描述

名称:description

标签:描述

定义:资源的说明解释。

术语类型:元素

元素修饰词:摘要、目次、获奖、唱法、声部、演唱形式、演奏形式、附加块类型、附加块描述、声道编号、声道内容、附注、检索途径

数据类型:字符型

必备性:必备

可重复性:不可重复

8.7.1　摘要

名称:abstract

标签:摘要

定义:概括地说明资源的内容要点。

注释:对资源主要内容的概括性描述,包括主题、背景、人物、情节、内涵、结构、表现手法等内容。

术语类型:元素修饰词

限定:描述

数据类型:文本型

必备性:必备

可重复性:不可重复

填写方式:人工输入

8.7.2 目次

名称:contents

标签:目次

定义:资源组成单元的列表。

术语类型:元素修饰词

限定:描述

数据类型:字符型

必备性:可选

可重复性:不可重复

填写方式:人工输入

8.7.3 获奖

名称:award

标签:获奖

定义:资源的获奖情况。

注释:包括作品获奖、获奖作品个人获奖以及团体获奖。

术语类型:元素修饰词

限定:描述

数据类型:字符型

必备性:有则必备

可重复性:可重复

填写方式:人工输入

8.7.4 唱法

名称:singingMethod

标签:唱法

定义:演唱者的发声方法。

注释:唱法仅供音频资源中的声乐(如歌曲)用。

术语类型:元素修饰词

限定:描述

数据类型:枚举型

必备性:可选

可重复性:不可重复

填写方式:人工选择,下拉菜单设“美声、民族、通俗、其他”

8.7.5　声部

名称:voicePart

标签:声部

定义:演唱者的声音特征。

注释:声部仅供音频资源中的声乐(如歌曲)用。

术语类型:元素修饰词

限定:描述

数据类型:枚举型

必备性:可选

可重复性:不可重复

填写方式:人工选择(下拉菜单设“男声、女声、童声、混声”)

8.7.6　演唱形式

名称:formOfSinging

标签:演唱形式

定义:歌曲的演唱方式。

注释:演唱形式仅供音频资源中的声乐(如歌曲)用。

术语类型:元素修饰词

限定:描述

数据类型:枚举型

必备性:可选

可重复性:不可重复

填写方式:人工选择(下拉菜单设“独唱、齐唱、合唱、重唱、联唱、对唱、轮唱、表演唱、领唱合唱、组合唱、其他”)

8.7.7　演奏形式

名称:formOfPlaying

标签:演奏形式

定义:乐曲的演奏方式。

注释:演奏形式仅供音频资源中的器乐或配乐用。

术语类型:元素修饰词

限定:描述

数据类型:枚举型

必备性:可选

可重复性:不可重复

填写方式:人工选择(下拉菜单设“独奏、重奏、齐奏、合奏、协奏”)

8.7.8　附加块类型

名称:typeOfAdditionalLogo

标签:附加块类型

定义:叠加在视频资源上的特殊标记或结构块类型,如片头、广告、片尾、台标、文字信息、频道名称、栏目标识、模拟时钟等。

注释:附加块类型仅供视频资源用。

术语类型:元素修饰词

限定:描述

数据类型:字符型

必备性:有则必备

可重复性:不可重复

填写方式:人工输入

8.7.9　附加块描述

名称:descriptionOfAdditionalLogo

标签:附加块描述

定义:叠加在视频资源上的特殊标记或结构块说明。

注释:附加块描述仅供视频资源用。

术语类型:元素修饰词

限定:描述

数据类型:字符型

必备性:有则必备

可重复性:不可重复

填写方式:人工输入

8.7.10　声道编号

名称:audioChannelNumber

标签:声道编号

定义:视音频资源声音通道的序次号。

注释:此处的声道编号仅供视频资源用。

术语类型:元素修饰词

限定:描述

数据类型:数值型

必备性:可选

可重复性:不可重复

填写方式:人工输入

8.7.11　声道内容

名称:audioChannelDescription

标签:声道内容

定义:描述视频资源声道内所记录声音内容的分类。

注释:声道内容仅供视频资源用。

术语类型:元素修饰词

限定:描述

数据类型:枚举型

必备性:可选

可重复性:不可重复

填写方式:人工选择(下拉菜单设“现场同期声、混合声、解说声、音乐声、效果声、国际声、同期翻译声”)

8.7.12 附注

名称:note

标签:附注

定义:用以揭示在其他元素或修饰词中不便反映的书目信息,进一步说明资源的性质、特征、用途以及范围等。

术语类型:元素修饰词

限定:描述

数据类型:字符型

必备性:可选

可重复性:可重复

填写方式:人工输入

8.7.13 检索途径

名称:searchWay

标签:检索途径

定义:从数据库或检索工具中查找所需信息或资源的途径。

注释:检索途径仅供数据库用。资源标引时,赋予每个资源的检索标识都可以成为检索路径。

术语类型:元素修饰词

限定:描述

数据类型:字符型

必备性:有则必备

可重复性:不可重复

填写方式:人工输入

8.8 主题

名称:subject

标签:主题

定义:资源的主题。

注释:一般采用关键词、关键词短语或分类号来描述。建议使用受控词表。

术语类型:元素

编码体系修饰词:平台数字资源分类法、广电分类法、中图法

元素修饰词:关键词

数据类型:字符型

必备性:必备

可重复性:不可重复

8.8.1　平台数字资源分类法

名称:DRC

标签:平台数字资源分类法

定义:国家公共文化数字支撑平台数字资源分类法。

术语类型:编码体系修饰词

限定:主题

数据类型:字符型

必备性:必备

可重复性:可重复

8.8.2　广电分类法

名称:CAMBT

标签:广电分类法

定义:广播电视节目资料分类法(Classification of Audio - Visual Materials on Broadcast Television)。

术语类型:编码体系修饰词

限定:主题

数据类型:字符型

必备性:可选

可重复性:可重复

8.8.3　中图法

名称:CLC

标签:中图法

定义:中国图书馆图书分类法。

术语类型:编码体系修饰词

限定:主题

数据类型:字符型

必备性:可选

可重复性:可重复

8.8.4　关键词

名称:keyword

标签:关键词

定义:直接以自然语言中未经控制或只做少量控制的语词标引资源的主题内容。

术语类型:元素修饰词

限定:主题

数据类型:字符型

必备性:必备

可重复性:可重复

填写方式:人工输入

8.9 类型

名称:type

标签:类型

定义:资源的特征或类型。

注释:类型包括描述资源内容的一般范围、功能、种属或聚类层次的术语。本规范采用DCMI资源类型表(DCMI type)标识类型。

术语类型:元素

元素修饰词:节目类型、节目形态

数据类型:枚举型

必备性:必备

可重复性:不可重复

填写方式:人工选择(下拉菜单设"视频资源""音频资源""图像资源"以及"数据库")

8.9.1 节目类型

名称:programType

标签:节目类型

定义:视音频资源主要内容的分类特征。

注释:节目类型仅供视音频资源用。

术语类型:元素修饰词

限定:类型

数据类型:枚举型

必备性:必备

可重复性:可重复

填写方式:人工选择(下拉菜单设"扶贫社保、国防军事、市场经营、法规政务、科学普及、民族文化、曲艺杂技、少儿文艺、社会教育、社会文化、体育健身、文化遗产、中国舞蹈、中国戏剧、中国戏曲、中国音乐、中国文学、影视文化、中国美术、旅游文化、典籍善本、中国历史、生活常识、医药卫生、农业技术、人居环境、其他")

8.9.2 节目形态

名称:programForm

标签:节目形态

定义:视音频资源的表现形式。

注释:节目类型仅供视音频资源用。

术语类型:编码体系修饰词

限定:类型

数据类型:枚举型

必备性:必备

可重复性:可重复

填写方式:人工选择(下拉菜单设"电视剧、电影、动画、集锦、讲座、教学、评论、赛事、谈话、舞台、小品、新闻、游戏竞赛、专题、综述、其他")

8.10 格式

名称:format

标签:格式

定义:资源的文件格式、物理媒体或尺寸规格。

术语类型:元素

元素修饰词:数量、尺寸、时长、入点、制式、画面宽高比、声音特征、色彩、字幕形式、分辨率、声道格式、声道质量、画面质量、音频编码格式、音频数据码率、音频采样频率、音频位深度、视频编码格式、视频取样格式、视频数据码率、文件格式

数据类型:字符型

必备性:必备

可重复性:不可重复

8.10.1 数量

名称:extent

标签:数量

定义:资源的数量及其特定资源标识的单位。

术语类型:元素修饰词

限定:格式

数据类型:字符型

必备性:可选

可重复性:不可重复

填写方式:人工输入

8.10.2 尺寸

名称:size

标签:尺寸

定义:图像资源的尺寸。

注释:尺寸仅供图像资源用。

术语类型:元素修饰词

限定:格式

数据类型:字符型

必备性:可选

可重复性:不可重复

填写方式:人工输入

8.10.3 时长

名称:duration

标签:时长

定义:播放视音频资源正式有效内容的实际时间长度。

注释:(1)时长仅供视音频资源用。(2)采用“HH:MM:SS.SS”格式,并用半角状态著录时长。“HH”表示用两位数著录“时”,“MM”表示用两位数著录“分”,“SS”表示用两位数著

录“秒”,“. SS”表示秒的小数部分。

术语类型:元素修饰词

限定:格式

数据类型:时间型

必备性:必备

可重复性:不可重复

填写方式:系统自动生成

8.10.4　入点

名称:startingPoint

标签:入点

定义:视音频资源正式有效内容的起始点时间。

注释:(1)入点仅供视音频资源用。(2)采用“HH:MM:SS. SS”格式,并用半角状态著录时长。“HH”表示用两位数著录“时”,“MM”表示用两位数著录“分”,“SS”表示用两位数著录“秒”,“. SS”表示秒的小数部分。

术语类型:元素修饰词

限定:格式

数据类型:时间型

必备性:必备

可重复性:不可重复

填写方式:人工输入

8.10.5　制式

名称:system

标签:制式

定义:视频系统发送端和接收端共同采用的特定的信号处理方式,主要包括图像信号的形式、传送和图像重现的方法。

注释:制式仅供视频资源用。

术语类型:元素修饰词

限定:格式

数据类型:枚举型

必备性:有则必备

可重复性:不可重复

填写方式:人工选择(下拉菜单设“PAL、NTSC、SECAM”)

8.10.6　画面宽高比

名称:aspectRatio

标签:画面宽高比

定义:视频资源显示画面的宽度与高度之比。

注释:画面宽高比仅供视频资源用。

术语类型:元素修饰词

限定:格式

数据类型:枚举型

必备性:可选

可重复性:不可重复

填写方式:人工选择(下拉菜单设“16:9”、“4:3”、“其他”)

8.10.7　声音特征

名称:soundCharacteristic

标签:声音特征

定义:视频资源的声音特征。

注释:声音特征仅供视频资源用。

术语类型:元素修饰词

限定:格式

数据类型:枚举型

必备性:可选

可重复性:不可重复

填写方式:人工选择(下拉菜单设“有声、无声”)

8.10.8　色彩

名称:color

标签:色彩

定义:描述视频资源或图像资源主要内容显现的色彩种类。

注释:色彩仅供视频资源和图像资源用。

术语类型:元素修饰词

限定:格式

数据类型:枚举型

必备性:必备

可重复性:不可重复

填写方式:人工选择(下拉菜单设“彩色、黑白”)

8.10.9　字幕形式

名称:subtitleForm

标签:字幕形式

定义:视频资源的字幕表现形式。

注释:字幕形式仅供视频资源用。

术语类型:元素修饰词

限定:格式

数据类型:枚举型

必备性:必备

可重复性:不可重复

填写方式:人工选择(下拉菜单设“无字幕、只有画面叠加字幕、只有隐藏字幕、既有画面叠加字幕也有隐藏字幕”)

8.10.10 分辨率

名称:resolution

标签:分辨率

定义:反映显示器件、光学器件等的精细程度和分辨能力。

注释:分辨率仅供视频资源和图像资源用。

术语类型:元素修饰词

限定:格式

数据类型:字符型

必备性:可选

可重复性:不可重复

填写方式:系统自动生成

8.10.11 声道格式

名称:audioChannelFormat

标签:声道格式

定义:描述视音频资源的声音通道之间的关系。

注释:声道格式仅供视频资源用。

术语类型:元素修饰词

限定:格式

数据类型:枚举型

必备性:可选

可重复性:不可重复

填写方式:人工选择(下拉菜单设"单声道、双声道、立体声、多声道、杜比定向逻辑、杜比数字、DTS")

8.10.12 声音质量

名称:audioQuality

标签:声音质量

定义:对视频资源整体声音质量的主观评价。

注释:声音质量仅供视频资源用。

术语类型:元素修饰词

限定:格式

数据类型:枚举型

必备性:必备

可重复性:不可重复

填写方式:人工选择(下拉菜单设"质量低劣,无法忍受、质量差,勉强能听、质量一般可接受、质量好,比较满意、质量极佳,十分满意")

8.10.13 画面质量

名称:videoQuality

标签:画面质量

定义:描述视频资源的整体画面质量的主观评价。

注释:画面质量仅供视频资源用。

术语类型:元素修饰词

限定:格式

数据类型:枚举型

必备性:必备

可重复性:不可重复

填写方式:人工选择(下拉菜单设"质量低劣,无法观看;质量差,勉强能看;质量一般,可接受;质量好,比较满意;质量极佳,十分满意")

8.10.14　音频编码格式

名称:audioCodingFormat

标签:音频编码格式

定义:数字音频采样序列的编码格式。

注释:音频编码格式仅供视音频资源用。

术语类型:元素修饰词

限定:格式

数据类型:枚举型

必备性:可选

可重复性:不可重复

填写方式:人工选择(下拉菜单设"PCM、MPEG 1　Layer 1、MPEG 1　Layer 2、MPEG 1　Layer 3、MPEG 2　Layer 1、MPEG 2　Layer 2、MPEG 2　Layer 3、OGG、MPC")

8.10.15　音频数据码率

名称:audioDataRate

标签:音频数据码率

定义:音频数据码流的每秒传输比特值。

注释:音频数据码率仅供视音频资源用。

术语类型:元素修饰词

限定:格式

数据类型:字符型

必备性:可选

可重复性:不可重复

填写方式:人工输入

8.10.16　音频采样频率

名称:audioSamplingFrequency

标签:音频采样频率

定义:录音设备在一秒钟内对声音信号的采样次数。

注释:音频采样频率仅供视音频资源用。

术语类型:元素修饰词

限定:格式

数据类型:枚举型

必备性:可选

可重复性:不可重复

填写方式:人工选择(下拉菜单设“32KHz、44.1KHz、48KHz、96KHz、192KHz”)

8.10.17 音频位深度

名称:audioBitDepth

标签:音频位深度

定义:在视频资源数字化时样本信息使用的比特数,也称为声音样本量的量化深度。

注释:音频位深度仅供视音频资源用。

术语类型:元素修饰词

限定:格式

数据类型:枚举型

必备性:可选

可重复性:不可重复

填写方式:人工选择(下拉菜单设“8bit、16bit、24bit”)

8.10.18 视频编码格式

名称:videoCodingFormat

标签:视频编码格式

定义:视频数字化的编码方式。

注释:视频编码格式仅供视频资源用。

术语类型:元素修饰词

限定:格式

数据类型:枚举型

必备性:必备

可重复性:不可重复

填写方式:人工选择(下拉菜单设“MPEG2、MPEG4、M_JPEG、DV”)

8.10.19 视频取样格式

名称:videoSamplingType

标签:视频取样格式

定义:视频信息编码时,编码信息从原始图像信息中取样的方式。

注释:视频取样格式仅供视频资源用。

术语类型:元素修饰词

限定:格式

数据类型:枚举型

必备性:必备

可重复性:不可重复

填写方式:人工选择(下拉菜单设“4:1:1”“4:2:0”“4:2:2”“4:4:4”“4:4:4:4”)

8.10.20 视频数据码率

名称:videoBitRate

标签:视频数据码率

定义:视频数据码流的每秒传输比特值。
注释:视频数据码率仅供视频资源用。
术语类型:元素修饰词
限定:格式
数据类型:字符型
必备性:必备
可重复性:不可重复
填写方式:人工输入

8.10.21 文件格式

名称:fileFormat
标签:文件格式
定义:资源的数据格式,用于注明需要用什么软件或硬件来显示和执行此文件。
术语类型:元素修饰词
限定:格式
数据类型:字符型
必备性:必备
可重复性:不可重复
填写方式:系统自动生成

8.11 语种

名称:language
标签:语种
定义:资源的语种。
注释:建议采用 ISO639 - 2《语种名称代码表》中的受控词进行标识。
术语类型:元素
元素修饰词:声道编号、声道语种、字幕编号、字幕语种
数据类型:字符型
必备性:必备
可重复性:不可重复

8.11.1 声道编号

名称:audioChannelNumber
标签:声道编号
定义:视音频资源声音通道的序次号。
注释:声道编号仅供视音频资源用。
术语类型:元素修饰词
限定:语种
数据类型:数值型
必备性:有则必备
可重复性:可重复

填写方式:人工输入

8.11.2 声道语种

名称:audioChannelLanguage

标签:声道语种

定义:视音频资源的声音通道中的语种名称。

注释:声道语种仅供视音频资源用。

术语类型:元素修饰词

限定:语种

数据类型:字符型

必备性:有则必备

可重复性:可重复

填写方式:人工输入

8.11.3 字幕编号

名称:subtitleNumber

标签:字幕编号

定义:视频资源中字幕的序次号。

注释:字幕编号仅供视频资源用。

术语类型:元素修饰词

限定:语种

数据类型:数值型

必备性:有则必备

可重复性:可重复

填写方式:人工输入

8.11.4 字幕语种

名称:subtitleLanguage

标签:字幕语种

定义:视频资源字幕的语种名称。

注释:(1)字幕语种仅供视频资源用。(2)根据 ISO 639 -2《语种名称代码表》(ISO 639 -2 Codes for the representation of names of languages, Alpha -3 code)国际标准的规定,用三个字母表示字幕语种。

术语类型:元素修饰词

限定:语种

数据类型:枚举型

必备性:有则必备

可重复性:可重复

填写方式:人工选择(下拉菜单设"chi、eng、jpn、fre、gem、kor、mon、rus、tib、uig")

8.12 受众

名称:audience

标签:受众
定义:资源传播的接受者。
注释:对视频资源收视对象或音频资源收听对象的分类定位描述。
术语类型:元素
数据类型:枚举型
必备性:必备
可重复性:可重复
填写方式:人工选择(下拉菜单设"大众、婴幼儿、儿童、青年、中年、老年")

8.13 来源

名称:source
标签:来源
定义:与当前资源来源有关的资源。
术语类型:元素
元素修饰词:资源获得方式、资源提供者
编码体系修饰词:URI
数据类型:字符型
必备性:有则必备
可重复性:不可重复

8.13.1 资源获得方式

名称:termsOfAvailability
标签:资源获得方式
定义:获得资源的途径和方法。
术语类型:元素修饰词
限定:来源
数据类型:枚举型
必备性:有则必备
可重复性:不可重复
填写方式:人工选择(下拉菜单设"自拍(制)、合作、经下级中心购买、市场购买、收录、交换、受赠、其他")

8.13.2 资源提供者

名称:sourceProvider
标签:资源提供者
定义:提供资源的单位或个人的名称。
术语类型:元素修饰词
限定:来源
数据类型:字符型
必备性:有则必备
可重复性:不可重复

填写方式:人工输入

8.13.3 URI

名称:URI

标签:URI

定义:统一资源标识符(Universal Resource Identifier,简称 URI)。

术语类型:编码体系修饰词

限定:来源

数据类型:字符型

必备性:有则必备

可重复性:不可重复

填写方式:人工输入

8.14 关联

名称:relation

标签:关联

定义:相关资源。

注释:指明与本资源存在某种关系的其他资源。建议采用符合正式标识体系的字符串进行标识。

术语类型:元素

元素修饰词:原版本、其他版本、包含、包含于、参考、被参考

数据类型:字符型

必备性:可选

可重复性:不可重复

8.14.1 原版本

名称:isVersionOf

标签:原版本

定义:说明另一资源是本资源的原版本。

注释:(1)原版本仅供视音频资源用。(2)原版本的视音频资源可单独著录。

术语类型:元素修饰词

限定:关联

数据类型:字符型

必备性:可选

可重复性:不可重复

填写方式:人工输入

8.14.2 其他版本

名称:hasVersion

标签:其他版本

定义:说明另一资源是本资源的不同版本。

注释:(1)其他版本仅供视音频资源用。(2)其他版本的视音频资源可单独著录。

术语类型:元素修饰词

限定:关联

数据类型:字符型

必备性:可选

可重复性:可重复

填写方式:人工输入

8.14.3　包含

名称:hasPart

标签:包含

定义:本资源在物理上或逻辑上包含了另一资源。

注释:对于成系列的视音频资源,可根据实际需求采用多层次著录,在系列视音频资源与其所属的单个资源之间用“包含”的关联方式建立联系。

术语类型:元素修饰词

限定:关联

数据类型:字符型

必备性:可选

可重复性:可重复

填写方式:人工输入

8.14.4　包含于

名称:isPartOf

标签:包含于

定义:本资源在物理上或逻辑上是另一资源的一个组成部分。

注释:对于成系列的视音频资源,可根据实际需求采用多层次著录。在单个视音频资源与其所属的系列视音频资源之间用“包含于”建立联系。

术语类型:元素修饰词

限定:关联

数据类型:字符型

必备性:可选

可重复性:不可重复

填写方式:人工输入

8.14.5　参考

名称:references

标签:参考

定义:本资源参考、引用或以其他方式指向被参考资源。

注释:参考仅供视音频资源用。

术语类型:元素修饰词

限定:关联

数据类型:字符型

必备性:可选

可重复性:可重复

填写方式:人工输入

8.14.6　被参考

名称:isReferencedBy

标签:被参考

定义:被参考的资源参考、引用或以其他方式指向本资源。

注释:被参考仅供视音频资源用。

术语类型:元素修饰词

限定:关联

数据类型:字符型

必备性:可选

可重复性:可重复

填写方式:人工输入

8.15　权限

名称:rights

标签:权限

定义:资源本身的所有者权利信息或被赋予的权利信息。

注释:权限信息通常指与资源相关的各种产权声明,包括知识产权。

术语类型:元素

元素修饰词:版权拥有者、版权声明、授权使用者、授权使用方式、授权起始日期、授权使用期限、授权使用地域、授权文件、其他信息

数据类型:字符型

必备性:必备

可重复性:可重复

8.15.1　版权拥有者

名称:copyrightOwner

标签:版权拥有者

定义:拥有资源版权的个人或团体。

术语类型:元素修饰词

限定:权限

数据类型:文本型

必备性:有则必备

可重复性:可重复

填写方式:人工输入

8.15.2　版权声明

名称:copyrightStatement

标签:版权声明

定义:版权所有者公开发布的受其保护的资源的版权方面的信息。

术语类型:元素修饰词

限定:权限

数据类型:字符型

必备性:可选

可重复性:不可重复

填写方式:人工输入

8.15.3　授权使用者

名称:AughorizedUser

标签:授权使用者

定义:被授权使用资源的个人名称或团体名称。

术语类型:元素修饰词

限定:权限

数据类型:字符型

必备性:有则必备

可重复性:不可重复

填写方式:人工输入

8.15.4　授权使用方式

名称:authorizedWayOfUsage

标签:授权使用方式

定义:资源被授权使用的方式和方法。

术语类型:元素修饰词

限定:权限

数据类型:枚举型

必备性:有则必备

可重复性:可重复

填写方式:人工选择(下拉菜单设"互联网传播、系统内局域网传播、系统内卫星、县及以下有线数字电视、系统内传播使用、系统内有线无线传输、系统内光盘传输、系统内硬盘传输、其他使用方式")

8.15.5　授权起始日期

名称:authorizedDateOfStart

标签:授权起始日期

定义:资源被授权使用的有效开始时间。

术语类型:元素修饰词

限定:权限

数据类型:日期型

必备性:有则必备

可重复性:不可重复

填写方式:人工输入

8.15.6　授权使用期限

名称:authorizedDeadline

标签:授权使用期限

定义:资源被授权使用的时间范围。

术语类型:元素修饰词

限定:权限

数据类型:字符型

必备性:有则必备

可重复性:不可重复

填写方式:人工输入

8.15.7　授权使用地域

名称:authorizedGeographicArea

标签:授权使用地域

定义:资源被授权使用的地域范围。

术语类型:元素修饰词

限定:权限

数据类型:字符型

必备性:有则必备

可重复性:不可重复

填写方式:人工输入

8.15.8　授权文件

名称:authorizedFile

标签:授权文件

定义:资源被授权使用的相关合同文件名称。

术语类型:元素修饰词

限定:权限

数据类型:字符型

必备性:可选

可重复性:不可重复

填写方式:人工输入

8.15.9　其他信息

名称:otherInformation

标签:其他信息

定义:资源被授权使用的其他补充说明。

术语类型:元素修饰词

限定:权限

数据类型:字符型

必备性:可选

可重复性:不可重复

填写方式:人工输入

8.16 时空范围

名称:coverage
标签:时空范围
定义:资源所涉及的空间或时间主题,资源所适用的空间或者资源所辖的范围。
术语类型:元素
元素修饰词:时间范围、空间范围
数据类型:字符型
必备性:有则必备
可重复性:不可重复

8.16.1 时间范围

名称:yearsCovered
标签:时间范围
定义:资源知识内容所体现的时间特征。
术语类型:元素修饰词
限定:时空范围
数据类型:字符型
必备性:有则必备
可重复性:可重复
填写方式:人工输入

8.16.2 空间范围

名称:spatial
标签:空间范围
定义:资源知识内容所涉及的空间特征。
术语类型:元素修饰词
限定:时空范围
数据类型:字符型
必备性:可选
可重复性:可重复
填写方式:人工输入

8.17 源载体

名称:sourceMedium
标签:源载体
定义:当本资源转换自其他载体时,说明资源的源载体特征。
注释:源载体仅供视音频资源用,用于揭示存储视音频介质的类型。
术语类型:元素
数据类型:枚举型

必备性:有则必备

可重复性:不可重复

填写方式:人工选择(下拉菜单设“Betacam SP、Betacam、Betacom SX、CD、D－1、D－3、D－5、Digital Betacam、DVCPRO 25、DVCPRO 50、DVCPRO 100、DVD、HD－D5、HDCAM、IMX、MⅡ、LD、1inch、S－VHS、U－matic、VCD、VHS、唱片、录像带、录音带”)

8.18 馆藏信息

名称:location

标签:馆藏信息

定义:资源的馆藏信息。

术语类型:元素

元素修饰词:馆藏地、馆藏单位、索取号

数据类型:字符型

必备性:必备

可重复性:可重复

8.18.1 馆藏地

名称:placeOfHoldingAgency

标签:馆藏地

定义:资源馆藏单位的所在地。

术语类型:元素修饰词

限定:馆藏信息

数据类型:字符型

必备性:有则必备

可重复性:不可重复

填写方式:人工输入

8.18.2 馆藏单位

名称:holdingAgency

标签:馆藏单位

定义:资源的收藏单位。

术语类型:元素修饰词

限定:馆藏信息

数据类型:字符型

必备性:有则必备

可重复性:不可重复

填写方式:人工输入

8.18.3 索取号

名称:callNumber

标签:索取号

定义:代表每个资源在收藏单位整个馆藏体系中特定位置的号码。

注释:仅供录像带、录音带、DVD、VCD、CD、感光材料印制的照片等实体资源使用。
术语类型:元素修饰词
限定:馆藏信息
数据类型:字符型
必备性:有则必备
可重复性:不可重复
填写方式:人工输入

8.19 资源加工

名称:processingOfResource
标签:资源加工
定义:对资源征集人和加工单位描述。
术语类型:元素
元素修饰词:征集人、加工单位
数据类型:字符型
必备性:必备
可重复性:不可重复
填写方式:人工输入

8.19.1 征集人

名称:collector
标签:征集人
定义:资源的征集人。
术语类型:元素修饰词
限定:资源加工
数据类型:字符型
必备性:必备
可重复性:不可重复
填写方式:人工输入

8.19.2 加工单位

名称:processingInstitute
标签:加工单位
定义:资源的编目机构。
术语类型:元素修饰词
限定:资源加工
数据类型:字符型
必备性:必备
可重复性:不可重复
填写方式:人工输入

8.20　资源服务

名称:resourceService

标签:资源服务

定义:对资源服务情况的描述。

术语类型:元素

元素修饰词:服务方式、服务栏目、服务时间、服务地址、服务对象

数据类型:字符型

必备性:有则必备

可重复性:可重复

填写方式:人工输入

8.20.1　服务方式

名称:serviceMeans

标签:服务方式

定义:资源的服务方式。

术语类型:元素修饰词

限定:资源服务

数据类型:枚举型

必备性:有则必备

可重复性:不可重复

填写方式:人工选择(下拉菜单设"卫星直播、卫星投包、中心主站、基层版、移播宝、光盘下发、移动硬盘、镜像、政务外网、IPTV、有线数字电视、共享机、合作单位共享、其他服务")

8.20.2　服务栏目

名称:serviceProgram

标签:服务栏目

定义:资源在网站、专栏、专版卫星等服务平台中所属栏目。

术语类型:元素修饰词

限定:资源服务

数据类型:字符型

必备性:有则必备

可重复性:不可重复

填写方式:人工输入

8.20.3　服务时间

名称:serviceDate

标签:服务时间

定义:资源进入网站、专栏、专版卫星等平台服务的时间。

术语类型:元素修饰词

限定:资源服务

数据类型:日期型

必备性:有则必备

可重复性:不可重复

填写方式:人工输入

8.20.4 服务地址

名称:serviceAddress

标签:服务地址

定义:资源在网站、专栏、专版卫星等平台服务的地址。

术语类型:元素修饰词

限定:资源服务

数据类型:字符型

必备性:有则必备

可重复性:不可重复

填写方式:人工输入

8.20.5 服务对象

名称:serviceObject

标签:服务对象

定义:资源在网站、专栏、专版卫星等平台服务和资源下发时的服务单位。

术语类型:元素修饰词

限定:资源服务

数据类型:字符型

必备性:有则必备

可重复性:可重复

填写方式:人工输入

8.21 资源验收

名称:resourceInspection

标签:资源验收

定义:对资源初审、数字化和编目验收情况的描述。

术语类型:元素

元素修饰词:验收时间、验收方式、验收人、验收意见、验收报告

数据类型:字符型

必备性:有则必备

可重复性:可重复

填写方式:人工输入

8.21.1 验收时间

名称:inspectionDate

标签:验收时间

定义:资源初审、数字化和编目验收的时间。

术语类型:元素修饰词

限定:资源验收

数据类型:日期型

必备性:有则必备

可重复性:不可重复

8.21.2　验收方式

名称:inspectionFashion

标签:验收方式

定义:资源的验收方式,包括初审、数字化抽样验收、数字化专项验收。

术语类型:元素修饰词

限定:资源验收

数据类型:枚举型

必备性:有则必备

可重复性:不可重复

填写方式:人工选择(下拉菜单式设"初审、复审、数字化抽样验收、数字化专项验收、其他验收")

8.21.3　验收人

名称:inspector

标签:验收人

定义:资源初审、数字化和编目验收的人员或单位。

术语类型:元素修饰词

限定:资源验收

数据类型:字符型

必备性:有则必备

可重复性:可重复

8.21.4　验收意见

名称:inspectionOpinion

标签:验收意见

定义:资源初审、数字化和编目验收的结果,合格或不合格。

术语类型:元素修饰词

限定:资源验收

数据类型:字符型

必备性:有则必备

可重复性:不可重复

8.21.5　验收报告

名称:inspectionReport

标签:验收报告

定义:资源初审、数字化和编目验收产生的记录单或验收报告。

术语类型:元素修饰词

限定:资源验收

数据类型:字符型
必备性:有则必备
可重复性:不可重复

参考文献

[1] GB/T 25100—2010　信息与文献　都柏林核心元数据元素集[S].北京:中国标准出版社,2010

[2] 全国文化信息资源共享工程视频资源编目规范:暂行[S].北京:文化部全国文化信息资源建设管理中心,2008

[3] GY/T 202.1—2004　广播电视音像资料编目规范　第1部分:电视资料[S].北京:国家广播电影电视总局广播电视规划院,2004

[4] GY/T 202.2—2007　广播电视音像资料编目规范　第2部分:广播资料[S].北京:国家广播电影电视总局广播电视规划院,2007

[5] GC-HD090190　国家图书馆视频资源元数据规范[S].北京:中国国家图书馆,2013

[6] GC-HD090192　国家图书馆音频资源元数据规范[S].北京:中国国家图书馆,2013

[7] GC-HD090189　国家图书馆图像资源元数据规范[S].北京:中国国家图书馆,2011

[8] Dublin Core Metadata Initiative. DCMI metadata terms[EB/OL]. [2010-10-11]. http://dublincore.org/documents/dcmi-terms/

[9] ISO 15836: 2009　Information and documentation—The Dublin Core metadata element set[S]. Geneva: ISO, 2009

数字资源编目规则

1 编制说明

为了创建国家公共文化数字支撑平台数字资源数据库,更好地为广大用户、文化部公共文化发展中心及分中心服务,提高数字文化资源的利用率,特制定了《国家公共文化数字支撑平台数字资源编目规则》。它是"国家公共文化数字支撑平台资源建设标准规范研制项目"的研究成果之一。

《国家公共文化数字支撑平台数字资源编目规则》非等效采用了 GB/T 3792.4—2009《文献著录 第4部分:非书资料》国家标准、GY/T 202.1—2004《广播电视音像资料编目规范 第1部分:电视资料》、GY/T 202.2—2007《广播电视音像资料编目规范 第2部分:广播资料》、GC-HD090190《国家图书馆视频资源元数据著录规则》、GC-HD090192《国家图书馆音频资源元数据著录规则》以及 GC-HD090189《国家图书馆图像元数据著录规则》等标准,以便尽可能使本规则与相关的国家标准或行业标准保持一致。

本规则规定了《国家公共文化数字支撑平台数字资源元数据规范》中的各个元素及修饰词的著录信息源、著录内容以及著录方法,而且规定了数字文化资源的集合层记录、个体层记录、分析层记录的分层方法,力求满足用户的各种需求。同时,各个元素及修饰词还结合编目规则提供了可供参考的实例。

2 范围

《国家公共文化数字支撑平台数字资源编目规则》规定了数字文化资源的著录内容、著录单位、各个编目层次的切分方法、著录信息源、著录用文字、各个元素及修饰词的著录方法,旨在充分地揭示数字文化资源的特点。

本规则既适用于原生数字文化资源也适用于数字化的文化资源。数字文化资源包括讲座、讲坛、专题、访谈、农业或文化专题片、戏剧、戏曲、电影、电视剧、动漫、综艺节目、曲艺、音乐会、器乐、歌曲、故事、小说、诗歌、照片以及绘画等形式的视频资源、音频资源、图像资源以及数据库,但不对数字文化资源的技术信息做专门规定。

3 规范性引用文件

下列文件对于本规则的应用是必不可少的。凡是注日期的引用文件,仅所注日期的版本适用于本规则。凡是不注日期的引用文件,其最新版本(包括所有的修改版)适用于本规则。

GB/T 3792.4—2009 文献著录 第4部分:非书资料

GB/T 4880.3—2009 语种名称代码 第3部分:所有语种的3字母代码

GB/T 5795—2006 中国标准书号

GB/T 7408—2005 数据元和交换格式 信息交换 日期和时间表示法

GB/T 13396—2009 中国标准录音制品编码

GY/T 202.1—2004 广播电视音像资料编目规范 第1部分:电视资料

GY/T 202.2—2007 广播电视音像资料编目规范 第2部分:广播资料

GC-HD090189 国家图书馆图像元数据标准著录规则

GC-HD090190 国家图书馆视频资源元数据著录规则

GC-HD090192 国家图书馆音频资源元数据著录规则

4 术语和定义

4.1 文化 (Culture)

人类在社会历史发展过程中所创造的物质财富和精神财富的总和,特指精神财富。

4.2 数字文化资源 (Digital Culture Resource)

利用数字化技术创建表示的文化资源。

4.3 视频资源 (Video Resource)

用于存储活动或静止图像的媒体,所记录的视频需用特定的回放设备(如视频播放器、DVD播放机等)播放。既包括用数字信号存储的视频资源,也包括用模拟信号存储的视频资源,但不包括静态图像资源。

4.4 音频资源 (Audio Resource)

用于存储载有声音的媒体,所记录的音频需用特定的回放设备(如MP3播放器、CD播放器、唱机、录音机等)播放。既包括以数字信号存储的音频资源,也包括以模拟信号存储的音频资源。

4.5 图像资源 (Image Resource)

以静态二维图形(可具有三维的体视效应)为信息承载体,并主要通过人的视觉来感知与接收的信息资源(不包含三维图像),包括图片、照片、幻灯片等。

4.6 数据库 (Database)

为满足用户多种需求,在计算机存储设备上按一定组织方式合理存放的相互关联的全部数据的集合。

4.7 元素 (Element)

数字资源元数据的基本语义单位,描述数字资源元数据框架内的基本实体。

4.8 个体层记录 (Single Record)

为单个具有独立标识的数字资源文件编制的记录。

4.9 分析层记录 (Analytical Record)

以从个体层中析出的信息为单位编制的记录。

4.10 集合层记录 (Series Record)

揭示一组资源所属系列的共同属性,为成套或成系列的资源编制的记录。

4.11 修饰词 (Refinement)

对信息资源元数据语义单位的细化,是某一语义单位的属性的描述。修饰词包括元素修饰词和编码体系修饰词。元素修饰词限定元素含义的范围,使其更具有专指性;编码体系修饰词说明元素值所属的编码体系。

5 著录总则

5.1 著录内容

本规则的著录内容包括《国家公共文化数字支撑平台数字资源元数据规范》定义的21个元素和108个修饰词。除了数字文化资源必备的元素和修饰词外,本规则不要求一条记录要具备所有的元素或修饰词。本规则规定各个元素和修饰词的著录顺序,在不影响资源共享和数据交换的前提下,修饰词的著录顺序可做适当的调整。

5.2 著录单位

本规则根据数字文化资源的自身特点和内容分集合层、个体层以及分析层三个层次对其进行描述与揭示,以便概括性地反映同一系列的资源概貌,深度揭示数字文化资源的内容,满足用户的不同需求。数字文化资源的著录单位可以是单个资源,也可以是成系列的资源或单个数据库,甚至可以是从单个数字文化资源中析出的信息。然而,数字文化资源著录单位的基点则是一个具有独立标识(例如:一个唯一名称、ID、DOI、ISRC、ISBN等)的文件。

本规则要求为单个具有独立标识的数字视音频资源文件编制个体层记录。必要时,为成套或成系列的数字文化资源或单个数据库编制集合层记录,揭示一组数字文化资源所属系列的共同属性。为了满足用户深度检索和利用数字文化资源的需求,可适当地为从个体层中析出的信息编制分析层记录。无论是集合层记录还是分析层记录均为逻辑记录。

5.3　资源的分层方法

5.3.1　集合层记录

(1)对于既有总题名又有分集题名的成系列的讲座、论坛、专题、电视节目、专访等数字文化资源,必要时可为其编制集合层记录,见例1—3。

(2)对于同一活动的照片文件夹,以“个”为单位为照片文件夹编制集合层记录。

(3)为单独创建的数字文化资源数据库编制集合层记录。

例1:视频集合层记录

电影《大决战》

(注:电影《大决战》包括第一部《辽沈战役》、第二部《淮海战役》、第三部《平津战役》)

例2:视频集合层记录

《科普惠农惠万家》农业专题节目

(注:《科普惠农惠万家》农业专题节目分别包括陆梅主持的《容县人种柚子有七怪》《鹿茸产量翻三番的秘密》《四大妙招养黄鳝》《山地养牛靠眼力》《小虫子串起大循环》)

例3:图像集合层记录

齐白石先生的中国画《四季图》

(注:《四季图》包括《春》《夏》《秋》《冬》四幅图)

例4:数据库集合层记录

首都图书馆创建的“VOD视频点播”

(注:“VOD视频点播”数据库收录了可通过局域网在线观看的1600多部电影、电视剧、纪录片)

5.3.2　个体层记录

(1)对于具有独立标识可单独上载使用的视频文件、音频文件以及图像文件,以“个”为单位编制个体层记录。例如:一个可单独上载的电影、专题、讲座、戏剧、戏曲、乐曲、歌曲、图片等,见例1—7。

(2)为内容连续、具有独立标识,并以“集”为单位分别存储的文件编制个体层记录。例如:为以“集”为单位单独存储的电影、电视连续剧、访谈、专题、会议等视音频文件编制个体层记录,见例8—12。

(3)为具有独立标识,并由多个内容独立的节目组成的集成性视频文件编辑个体层记录。例如:为一台晚会、联欢会、音乐会视音频文件编制的个体层记录,见例13—16。

(4)必要时,数据库中具有独立标识的文件可参考5.3.2中(1)至(3)条款编制个体层记录。

例1:视频个体层

电影《英雄儿女》

例2:视频个体层记录
专题节目《生态农业》

例3:视频个体层记录
京剧《红灯记》

例4:视频个体层记录
讲座《郑和下西洋》

例5:音频个体层记录
讲座《奥运与科技同行》

例6:音频个体层记录
儿童故事《红鼻头小丑出逃记》

例7:图像个体层记录
徐悲鸿先生的油画《奴隶与狮》

例8:视频个体层
电影《大转折》中的上集《鏖战鲁西南》

例9:视频个体层记录
电影《大转折》中的下集《挺进大别山》

例10:音频个体层记录
讲座《保护非物质文化遗产守护精神家园　1》

例11:音频个体层记录
讲座《保护非物质文化遗产守护精神家园　2》

例12:文本个体层记录
人物解读文本《巴金:云与火的景象》

例13:视频个体层记录
综艺节目《2006年春节联欢晚会　1》
(注:《2006年春节联欢晚会　1》收录了舞蹈《礼赞春天》、主持人拜年、歌曲《百家姓》、化妆相声《跟着媳妇当保姆》、张泽群　刘芳菲串联、舞蹈《俏夕阳》)

例 14:视频个体层记录

综艺节目《2006 年春节联欢晚会　6》

(注:《2006 年春节联欢晚会　6》收录了《为大熊猫起乳名》、歌曲《飞雪迎春》以及小品《说事儿》)

例 15:视频个体层记录

《百集小品相声》第 325—328 集

(注:《百集小品相声》第 325—328 集收录了《功夫令》《办晚会》《要账》《济公办学》以及《洛桑学艺(4)》)

例 16:视频个体层记录

《精英音乐会——口琴重奏专场》

(注:《精英音乐会——口琴重奏专场》收录了(1)大合奏《四季调》《花儿与少年》《茉莉花》《我和我的祖国》;(2)口琴独奏《化装舞会》;(3)口琴五重奏《快乐的童假》;(4)口琴二重奏《青年圆舞曲》;(5)口琴独奏贝多芬 G 大调《小步舞曲》;(6)口琴小合奏《星星梭》《森林水车》;(7)口琴独奏《纺棉花》;(8)吉他弹唱《飞的更高》;(9)口琴独奏《军队进行曲》;(10)口琴四重奏《采茶舞曲》等;(11)口琴独奏《多瑙河之波》;(12)口琴与二胡重奏《喜洋洋》《子弟兵与老百姓》;(13)表演《假如你要认识我》《波兰圆舞曲》)

5.3.3　分析层记录

(1)对于个体层的数字文化资源文件,必要时可为文件中具有再利用价值的信息编制分析层记录。

(2)对于综艺晚会、相声小品集、音乐会、演唱会等汇集多个作品的视音频文件,须为各个独立的作品编制分析层记录,见例 1—4。

(3)对于戏剧、戏曲、歌舞剧视频文件,以场次或幕次切分编制分析层记录。必要时,甚至可以为经典唱段的视频编制分析层记录,见例 6。

(4)包含两个或多个独立主题的专题或讲座视音频文件,按各个主题分别编制分析层记录,见例 7。

(5)对于会议或活动的个体层视音频文件,必要时可为其内容独立的发言或者具有再利用价值的信息编制分析层记录。

(6)访谈节目的视音频文件,必要时可为受访者或主持者的精彩镜头、有再利用价值的受访者精彩发言片段编制分析层记录。

(7)分环节的演播室或外景竞赛类节目/栏目的视音频资源,必要时按比赛环节切分编制分析层记录。

例 1:音频分析层记录

歌曲《南昌枪声》

(注:分别为《8.1 庆 81》大型演唱会收录的歌曲《南昌枪声》、歌曲《延安灯火》、歌曲《命运决战》、歌曲《东方巨响》、歌曲《新的使命》、歌曲《谁是最可爱的人》、歌曲《男子汉去飞行》、歌曲《士兵的桂冠》、歌曲《心连心》、歌曲《你让我勇敢》、歌曲

《中国军人》、歌曲《你是我的父母我是你的兵》、歌曲《最红最美的旗》、歌曲《当兵的人》编制分析层记录）

例 2:视频分析层记录

舞蹈《礼赞春天》

（注:可分别为《2006 年春节联欢晚会　1》综艺节目收录的舞蹈《礼赞春天》、主持人拜年、歌曲《百家姓》、化妆相声《跟着媳妇当保姆》、张泽群　刘芳菲串联、舞蹈《俏夕阳》编制分析层记录）

例 3:视频分析层记录

《功夫令》

（注:可分别为《百集小品相声》第 325—328 集中收录的《功夫令》《办晚会》《要账》《济公办学》以及《洛桑学艺(4)》编制分析层记录）

例 4:视频分析层记录

大合奏《四季调》

（注:可分别为《精英音乐会——口琴重奏专场》中收录的(1)大合奏《四季调》《花儿与少年》《茉莉花》《我和我的祖国》;(2)口琴独奏《化装舞会》;(3)口琴五重奏《快乐的童假》;(4)口琴二重奏《青年圆舞曲》;(5)口琴独奏贝多芬 G 大调《小步舞曲》;(6)口琴小合奏《星星梭》《森林水车》;(7)口琴独奏《纺棉花》;(8)吉他弹唱《飞的更高》;(9)口琴独奏《军队进行曲》;(10)口琴四重奏《采茶舞曲》等;(11)口琴独奏《多瑙河之波》;(12)口琴与二胡重奏《喜洋洋》《子弟兵与老百姓》;(13)表演《假如你要认识我》《波兰圆舞曲》编制分析层记录）

例 6:视频分析层记录

《壮志凌云冲云天》

（注:《壮志凌云冲云天》豫剧《红灯记》选段）

例 7:音频分析层记录

《人文历史》

（注:《日常生活中的历史——天津》中包括自然历史和人文历史两个论题。）

5.4 著录对象间的关系

在视音频资源不同的著录对象之间存在从属关系、引用关系、派生关系以及并列关系。

(1)从属关系。系列视音频资源与其所含的具有独立标识的单个视音频资源之间,或者单个视音频资源与其析出的视音频信息之间存在从属关系。存在从属关系的视音频资源可采用多层次著录法,并用“包含”或“包含于”关联方式予以链接。

(2)引用关系。一个视音频资源与另一个视音频资源之间存在引用或被引用关系。

存在引用关系的视音频资源可分别编制记录,并用“参考”或“被参考”的关联方式予以链接。

(3)派生关系。在视音频资源的原件与复制件之间,模拟信号的视音频资源与数字化视音频资源之间,由一种格式转换为另一种格式的视音频资源之间存在派生关系。

(4)并列关系。在同一系列视音频资源中各单个视音频资源之间,或者从单个视音频资源中析出的各视音频信息之间存在并列关系。

5.5 各编目层次的元素及修饰词

本规则依据《国家公共文化数字支撑平台数字资源元数据规范》定义的元素及修饰词,规定了各个编目层次的著录项目。根据视音频资源自身的特点和用户需求,分别规定了集合层记录、个体层记录以及分析层记录的著录项目,详见表1。

表1 视音频资源各编目层次的著录项目一览表

元素	修饰词	图像		视频			音频			数据库
		集合层	个体层	集合层	个体层	分析层	集合层	个体层	分析层	集合层
标识符	ID	M	M	M	M	M	M	M	M	M
	DOI		A		A			A		
	ISRC		A	A	A		A	A		
	ISBN		A	A	A		A	A		
	URL									A
	标识代码		M		M			M		
题名		M	M	M	M	M	M	M	M	M
	并列题名		A		A			A		
	交替题名	A	A	A	A		A	A		A
	其他题名信息	A	A	A	A		A	A		A
	系列题名		A		A			A		
	并列系列题名		O		O			O		
	分集总数		A		A			A		
	分集次		A		A			A		
责任者	个人名称	A	A	A	A	A	A	A	A	
	团体名称	A	A	A	A	A	A	A	A	A
	会议名称	A	A	A	A		A	A		
	责任者并列名	A	A	A	A		A	A		
	其他信息	A	A	A	A	A	A	A	A	
	责任方式	A	A	A	A	A	A	A	A	A
版本			A	A	A		A	A		

续表

元素	修饰词	图像		视频			音频			数据库
		集合层	个体层	集合层	个体层	分析层	集合层	个体层	分析层	集合层
出版发行	出版地	A	A	A	A		A	A		
	出版者	A	A	A	A		A	A		
	出品地	A	A	A	A		A	A		
	出品者	A	A	A	A		A	A		
日期	拍照日期	A	A							
	摄制日期			A	A					
	录制日期						A	A		
	出版日期	A	A	A	A		A	A		
	发布日期		A		A			A		
	创建日期									A
描述	摘要		M		M	M		M	M	M
	目次	O	O	O	O		O	O		O
	获奖		A		A			A		
	唱法							O		
	声部							O		
	演唱形式							O		
	演奏形式							O		
	附加块类型				A					
	附加块描述				A					
	声道编号				O					
	声道内容				O					
	附注	O	O	O	O	O	O	O	O	O
	检索途径									A
主题	平台数字资源分类法	M	M	M	M	M	M	M	M	M
	广电分类法				O			O		
	中图法	O	O	O	O	O	O	O	O	
	关键词	M	M	M	M	M	M	M	M	M
类型		M	M	M	M	M	M	M	M	M
	节目类型				M			M		
	节目形态				M			M		

续表

元素	修饰词	图像		视频			音频			数据库
		集合层	个体层	集合层	个体层	分析层	集合层	个体层	分析层	集合层
格式	数量	O	O	O	O		O	O		O
	尺寸		O							
	时长			M	M	M	M	M	M	
	入点					M			M	
	制式				A					
	画面宽高比				O					
	声音特征				O					
	色彩	M	M	M	M	M				
	字幕形式				M	M	M			
	分辨率		O		O					
	声道格式				O			O		
	声音质量				M					
	画面质量				M					
	音频编码格式				O			O		
	音频数据码率				O			O		
	音频采样频率				O			O		
	音频位深度				O			O		
	视频编码格式				M					
	视频取样格式				M					
	视频数据码率				M					
	文件格式	M	M	M	M	M	M	M	M	
语种	声道编号			A	A	A	A	A	A	
	声道语种			A	A	A	A	A	A	
	字幕编号			A	A	A				
	字幕语种			A	A	A				
受众			M		M			M		M
来源	资源获得方式		M		M			M		M
	资源提供者		M		M			M		M
	URI		A		A			A		A
关联	原版本				O			O		
	其他版本				O			O		
	包含	O		O	O		O	O		

续表

元素	修饰词	图像		视频			音频			数据库
		集合层	个体层	集合层	个体层	分析层	集合层	个体层	分析层	集合层
关联	包含于		O		O	O		O	O	
	参考				O	O		O	O	
	被参考				O	O		O	O	
权限	版权拥有者		A		A			A		A
	版权声明		O		O			O		O
	授权使用者		A		A			A		A
	授权使用方式		A		A			A		A
	授权起始日期		A		A			A		A
	授权使用期限		A		A			A		A
	授权使用地域		A		A			A		A
	授权文件		O		O			O		O
	其他信息		O		O			O		O
时空范围	时间范围		A		A			A		
	空间范围		O		O			O		
源载体			A		A			A		
馆藏信息	馆藏地		A		A			A		
	馆藏单位		A		A			A		
	索取号		A		A			A		
资源加工	征集人		M		M			M		
	加工单位		M		M			M		M
资源服务	服务方式		A		A			A		A
	服务栏目		A		A			A		A
	服务时间		A		A			A		A
	服务地址		A		A			A		A
	服务对象		A		A			A		A
资源验收	验收时间		A		A			A		A
	验收方式		A		A			A		A
	验收人		A		A			A		A
	验收意见		A		A			A		A
	验收报告		A		A			A		A

注:表中的“M”表示必备(Mandatory),“A”表示有则必备,“O”表示可选(Optional)

5.6 著录信息源

数字文化资源的主要著录信息源首先是数字文化资源本身,如片头、片尾、题名帧等;其次是数字文化资源的标签、场记单以及附件等。

5.7 著录用文字

5.7.1 基本书写规则

(1)数字文化资源的标识符、题名、责任者、版本、出版发行、日期、格式、源载体依资源本身所用的语言文字著录。

(2)描述、主题、类型、语种、受众、来源、关联、权限、时空范围、馆藏信息、资源加工、资源服务、资源验收按编目机构的工作语言(即中文)著录。

5.7.2 外文题名与个人名称

(1)对于用外文书写的并列题名、责任者并列名,要按照该语言文字的书写规则著录。例如,用英文书写的并列题名除首词和专有名词(包括地名、人名等)的首字母大写外,其余的字母均小写。

例1:视频个体层记录

题名:江姐

[并列题名]:Sister Jiang

[其他题名信息]:大型民族歌剧

例2:音频个体层记录

题名:神奇的西藏

[并列题名]:Miraculous Tibet

(2)个人并列名称为外文时,外文名称的大小写需按照该语言的语法规则著录,通常每个词的首字母大写,其他均小写。

例:音频集合层记录

题名:月光奏鸣曲

责任者[个人名称]:贝多芬

[责任者并列名]:Beethoven

[责任方式]:作曲

责任者[个人名称]:大卫·培尔

[责任方式]:演奏

[其他信息]:美国

5.7.3 繁体字与简体字

中文数字文化资源一律用简体字著录,即使数字文化资源著录信息源上出现繁体字也一律改用简体字著录。

5.7.4 阿拉伯数字

(1)世纪、年代、年、月、日、时刻要用阿拉伯数字。年份必须用全称。日期可采用"YYYY-MM-DD"格式著录,"YYYY"表示用四位数著录"年","MM"表示用两位数著录

“月”,“DD”表示用两位数著录“日”。

例:2013 - 09 - 19

(2)视音频资源的时长和入点,用“HH:MM:SS. SS”格式,并用半角英文著录。“HH”表示用两位数著录“时”,“MM”表示用两位数著录“分”,“SS”表示用两位数著录“秒”,“. SS”表示秒的小数部分。

例:00:28:07.05

(3)科学计量和具有统计意义的数字(如,正负数、小数、百分比、分数、比例等)必须用阿拉伯数字。

例:56, -68.97,2/5,76%

(4)序数词和编号的数字(如分集总数、分集次、会议的届次等)用阿拉伯数字。

5.7.5 汉字数字

(1)数字作为词素构成定型的词、词组、惯用语、缩略语或具有修辞色彩语句时,要用汉字。

例:八斗米,“九五”计划,七七事变,二万五千里长征,三十挂零,第五季度

(2)农历和我国清代以前的历史纪年必须使用汉字。

例:腊月十二日,大年三十,子丑年二月八日,清乾隆二十五年

(3)含有日月简称表示事件、节日或其他含义的词组,要用汉字数字;涉及一月、十一月、十二月,应用间隔号“·”将表示月日的数字隔开,并外加引号,避免歧义,其他月份时,不用间隔号。

例1:“一·二八”事变,“一二·九”运动

例2:五四运动,七七事变,六一国际儿童节,“九一一”事件

(4)整数一至十,如果不是出现在具有统计意义的一组数字中,可以用汉字,但要照顾到上下文,求得局部体例上的一致。

例1:六个人,五种产品,八个百分点,九条意见

例2:截至2004年6月,北京师范大学共有师范系3个,师范专业8个,师范班2个,师范类专职教员1860人。

(5)相邻的两个数字并列连用表示概数,必须使用汉字,连用的两个数字之间不得用顿号“、”隔开。

例:五六米,一两天,七八个月,十七八吨,三四十种,一千五六百元

5.8 标点符号与标志符号的著录

5.8.1 标志符号的使用

(1)编目员自拟的信息一般需置于方括号内,但摘要、附注以及分析层记录中编目员自拟的题名均不用方括号。

(2)“关联”元素各个修饰词中的“其他题名信息”“分集次”“责任者”以及“日期”(如,摄制日期、录制日期、拍照日期)前须启用标志符号。在“其他题名信息”前冠冒号“:”,在“分集次”前冠分号“;”,在责任者前冠斜线“/”,在日期前冠句号“.”。

(3)“描述”元素中的“目次”内,须在各组成单元前冠分号“;”。在各个组成单元中,可依次著录序号、题名、其他题名信息、责任者、时长等信息,并在“其他题名信息”前冠冒号

“:”,在责任者前冠斜线“/”,将时长置于圆括号“()”中。

(4)对于“关联”元素和“目次”修饰词中同一责任方式的责任者前置逗号“,”。

5.8.2　标点符号的著录

(1)句号、问号、叹号、逗号、顿号、分号和冒号一般占一个字的位置,不出现在一行之首。

(2)引号、括号、书名号的前一半不出现在一行之末,后一半不出现在一行之首。

(3)破折号和省略号都占两个字的位置,中间不能断开。连接号(“-”“~”)和间隔号(“·”)一般占一个字的位置。

6　著录规则的结构

以《国家公共文化数字支撑平台数字资源元数据规范》中规定的元素及修饰词为主线,撰写著录规则,其撰写内容详见表2。

表2　著录规则中的元素及修饰词的内容

序号	项目	项目定义与内容	必备性
1	名称	赋予术语的唯一标记,一般为英文小写	必备
2	标签	元素及修饰词在本著录规则中的可读标签	必备
3	定义	本规则对术语概念与内涵的说明	必备
4	注释	元素及修饰词的内容说明、特殊用法等	可选
5	必备性	说明元素及修饰词是否必须著录	必备
6	可重复性	说明元素及修饰词是否可以重复使用	必备
7	著录规则	针对具体的资源对象,详细说明具体的著录方法	必备
8	示例	附编目员参考的示例	可选

在本规范中,元素的“名称”为英文,以便于计算机标记和编码;为了便于人们阅读,“标签”为中文。本规范定义的所有元素及元素修饰词与排列顺序有一定关系,文化部全国公共文化发展中心及分中心也可根据自身的实际需要决定元素和元素修饰词的排列次序。元素或元素修饰词尽可能举例说明其用法,以便人们理解和应用本规则。

7　元素及修饰词著录细则

7.1　标识符

名称:identifier

标签:标识符

定义:在特定上下文环境中,给予资源的一个明确的标识。

注释:一般采用字符串或数字代码。建议采用符合正式标识体系的字符串进行标识。正式的标识体系包括数字对象标识符(Digital Object Identifier,简称DOI)、国际标准书号(International Standard Book Number,简称 ISBN)、国际标准音像制品编码(International Standard Recording Code,简称 ISRC)以及统一资源定位符(Uniform Resource Locator,简称 URL)等。

必备性:必备

可重复性:不可重复

7.1.1 ID

名称:ID

标签:ID

定义:资源或存储介质的唯一标识。

必备性:必备

可重复性:不可重复

著录规则:根据文化部全国公共文化发展中心或分中心的有关规定,系统自动生成数字文化资源的 ID 码。

7.1.2 DOI

名称:DOI

标签:DOI

定义:数字对象标识符(Digital Object Identifier,简称 DOI)。

必备性:有则必备

可重复性:不可重复

著录规则:根据文化部全国公共文化发展中心的有关规定,系统自动生成数字文化资源的 DOI。

7.1.3 ISRC

名称:ISRC

标签:ISRC

定义:国际标准音像制品编码(International Standard Recording Code,简称 ISRC)是正式出版发行的国际通用的音像制品的代码。

必备性:有则必备

可重复性:不可重复

著录规则:根据视音频资源的标签或附带文字资料,如实地著录 ISRC 号。

例 1:视频个体层记录

标识符[ISRC]:CN - A60 - 05 - 0052 - 0

例 2:音频集合层记录

标识符[ISRC]:CN - F28 - 02 - 529 - 00

7.1.4 ISBN

名称:ISBN

标签:ISBN

定义:国际标准书号(International Standard Book Number,简称 ISBN)是国际上通用的出版物标识编号。

必备性:有则必备

可重复性:不可重复

著录规则:国际标准书号既有10位码也有13位码,中国标准书号是国际标准书号的一个组成部分。无论是国际标准书号还是中国标准书号,两者的构成成分相同。根据视音频资源的标签或附带文字资料如实著录ISBN号。

例1:视频个体层记录

标识符[ISBN]:978-7-88056-638-3

例2:音频集合层记录

标识符[ISBN]:7-88393-742-1

7.1.5 URL

名称:URL

标签:URL

定义:统一资源定位符(Uniform Resource Locator,简称URL),是互联网上Mosaic及其他程序用来标识某一特定信息页所用的一个短的字符串。

必备性:有则必备

可重复性:不可重复

著录规则:根据数字文化资源数据库本身著录统一资源定位符。

例:数据库集合层记录

标识符[URL]:http://www.kuke.com/#t=w/kuke/home/index

7.1.6 标识代码

名称:relations ID

标签:标识代码

定义:检索结果与数据或存储介质之间的唯一标识。

必备性:必备

可重复性:不可重复

著录规则:标识代码由存储管理数字文化资源的单位自定义,供进行数据交换和共享时使用。根据文化部全国公共文化发展中心及分中心提供的资料著录标识代码,需将节目的原上载题名著录到标识代码中。

例:视频个体层记录

标识符[标识代码]:YS-G-0001513-1 大转折-鏖战鲁西南

(注:此为电影《大转折》上集《鏖战鲁西南》的标识代码)

7.2 题名

名称:title

标签:题名

定义:赋予资源的名称。

注释:一般指资源正式公开的名称,也可包括编目员自拟的资源名称。

必备性:必备

可重复性:可重复

著录规则:

(1)根据数字文化资源自身(如视频资源的片头、片尾、字幕、视音频信息等)或附带的文字资料著录数字文化资源的正题名。

(2)题名中无法照录的图形及符号可用相应的文字取而代之,并著录在方括号内。

(3)数字文化资源的著录信息源上未载题名时,编目员可根据数字文化资源的内容自拟题名。

(4)对于既有系列题名又有分集题名的系列资源,以内容独立的分集为单位编制个体层记录时,须将分集题名著录在"题名"元素内,其系列题名著录在"系列题名"修饰词内。但是,在编制集合层记录时,须将系列题名著录在"题名"元素内。

例1:视频集合层记录
　　题名:百家讲坛

例2:视频集合层记录
　　题名:周汝昌眼中四大名著

例3:视频个体层记录
　　题名:《西游记》的真诚

例4:视频个体层记录
　　题名:外太空的朋友

例5:视频个体层记录
　　题名:百花芬芳

例6:视频分析层记录
　　题名:歌曲《爱我中华》

例7:音频个体层记录
　　题名:蝙蝠少年

例8:图像个体层记录
　　题名:洛神赋图

例9:数据库集合层记录
　　题名:VOD 视频点播

7.2.1 并列题名

名称:parallel title

标签:并列题名

定义:用另一种语言文字表示的题名。

必备性:有则必备

可重复性:可重复

著录规则:

(1)根据数字文化资源的著录信息源著录并列题名。

(2)用外文书写的并列题名要按照该语言文字的书写规则著录。例如,用英文书写的并列题名除首词或专有名词的首字母大写外,其余的字母均小写。

例1:视频个体层记录

题名:江姐

[并列题名]:Sister Jiang

例2:音频个体层记录

题名:梅花三弄

[并列题名]:Three variations on pium blossom

例3:图像个体层记录

题名:宝莲灯

[并列题名]:Lotus lantern

7.2.2 交替题名

名称:alternative

标签:交替题名

定义:资源正式名称的别名。

注释:可替代资源正式名称使用的别名,但不包括并列题名。

必备性:有则必备

可重复性:可重复

著录规则:根据数字文化资源的著录信息源著录交替题名。

例1:视频个体层记录

题名:乌江渡

[交替题名]:佘文榜私访

例2:音频个体层记录

题名:梅花三弄

[并列题名]:Three variations on pium blossom

[交替题名]:梅花引

[交替题名]:玉妃引

7.2.3 其他题名信息

名称:other title information

标签:其他题名信息

定义:用来限定、补充、解释、说明正式题名的文字。

必备性:有则必备

可重复性:可重复

著录规则:根据数字文化资源的著录信息源著录说明题名的其他题名信息。

例1:视频个体层记录

题名:和谐中华

[其他题名信息]:第三届全国少数民族文艺会演开幕式

例2:视频个体层记录

题名:江姐

[并列题名]:Sister Jiang

[其他题名信息]:大型民族歌剧

例3:视频个体层记录

题名:乌江渡

[交替题名]:佘文榜私访

[其他题名信息]:泸剧传统连续剧

例4:音频集合层记录

题名:中国古典爱情诗精选

[其他题名信息]:配乐诗朗诵

例5:音频个体层记录

题名:送别

[其他题名信息]:故事片《怒潮》插曲

例6:图像个体层记录

题名:忧郁

[其他题名信息]:自画像

7.2.4 系列题名

名称:series title

标签:系列题名

定义:资源所属系列的名称。

必备性:有则必备

可重复性:不可重复

著录规则:

(1)对于既有系列题名又有分集题名的系列资源,以内容独立的分集为单位编制个体层记录时,须将分集题名著录在“题名”元素内,其系列题名著录在“系列题名”修饰词内。

(2)根据数字文化资源的著录信息源著录系列题名。

例1:视频个体层记录

题名:《西游记》的真诚

[系列题名]:周汝昌眼中的四大名著

例2:视频个体层记录
题名:防治植物癌症
[系列题名]:走进农民田间学校

例3:视频个体层记录
题名:淮海战役
[系列题名]:大决战

7.2.5 并列系列题名

名称:parallel series title
标签:并列系列题名
定义:用另一种语言文字表示的资源所属系列的名称。
必备性:可选
可重复性:不可重复
著录规则:
(1)根据数字文化资源的著录信息源著录并列系列题名。
(2)用外文书写的并列系列题名要按照该语言文字的书写规则著录。例如,用英文书写的并列系列题名除首词或专有名词的首字母大写外,其余的字母均小写。

例:视频个体层记录
题名:公主小心
[系列题名]:茜茜公主
[并列系列题名]:Sisi princes

7.2.6 分集总数

名称:total number of episodes
标签:分集总数
定义:资源所属系列的集数总和。
必备性:有则必备
可重复性:不可重复
著录规则:根据数字文化资源的著录信息源,用阿拉伯数字著录分集总数。

例1:视频个体层记录
题名:科学防控小麦条锈病
[系列题名]:2010 春耕行动
[分集总数]:4

例2:视频个体层记录
题名:出征前夜
[系列题名]:长征
[分集总数]:8 集

7.2.7　分集次

名称:number of an episode

标签:分集次

定义:资源所属系列的分集序号。

必备性:有则必备

可重复性:不可重复

著录规则:

(1)根据数字文化资源的著录信息源,用阿拉伯数字著录分集次。

(2)一部完整的视音频资源分几部分别存储并无系列题名时,各分集须为分别编制个体层记录,但分集号无须用“分集次”修饰词,可将其直接著录在题名内,并在“分集次”前冠“;”分号。

例 1:视频个体层记录

题名:科学防控小麦条锈病

[系列题名]:2010 春耕行动

[分集总数]:4

[分集次]:2

例 2:视频个体层记录

题名:出征前夜

[系列题名]:长征

[分集总数]:8 集

[分集次]:第 2 集

例 3:视频个体层记录

题名:外太空的朋友;上

例 4:视频个体层记录

题名:外太空的朋友;下

7.3　责任者

名称:creator

标签:责任者

定义:对资源的知识内容或艺术内容负责的个人或团体。

注释:责任者是对资源内容创作负责的实体,包括个人名称、团体名称以及会议名称。

必备性:有则必备

可重复性:不可重复

7.3.1　个人名称

名称:personal name

标签:个人名称

定义:对资源的知识内容或艺术内容负责的个人。

必备性:有则必备

可重复性:可重复

著录规则:

(1)根据数字文化资源自身(如视音频资源的片头、片尾、字幕、视频信息、音频信息等)、文件名、标签以及附带的文字资料等,用简体字著录个人名称。

(2)数字文化资源有多个个人名称时,可分别予以著录。

例1:视频集合层记录

题名:周汝昌眼中的四大名著

责任者[个人名称]:周汝昌

例2:视频个体层记录

题名:《三国演义》的内涵

[系列题名]:周汝昌眼中的四大名著

[分集总数]:5集

[分集次]:第1集

责任者[个人名称]:周汝昌

例3:视频个体层记录

题名:海水养鸭

[系列题名]:科技苑

责任者[个人名称]:陆梅

例4:音频个体层记录

题名:妈妈教我一支歌

责任者[个人名称]:殷秀梅

例5:图像个体层记录

题名:奴隶与狮

责任者[个人名称]:徐悲鸿

7.3.2 团体名称

名称:corporate name

标签:团体名称

定义:对资源的知识内容或艺术内容负责的团体。

必备性:有则必备

可重复性:可重复

著录规则:

(1)根据数字文化资源自身(如,视音频资源的片头、片尾、字幕、视频信息、音频信息等)、文件名、标签以及附带的文字资料等,用简体字著录团体名称。

(2)数字文化资源有多个团体责任者时,可分别著录团体名称。

例1:音频个体层记录

题名:“弦韵如歌”交响音乐会;上

责任者[团体名称]:中国交响乐团

[责任方式]:演奏

例2:数据库集合层记录

题名:VOD 视频点播

责任者[团体名称]:首都图书馆

7.3.3　会议名称

名称:conference name

标签:会议名称

定义:对资源的知识内容或艺术内容负责的会议。

必备性:有则必备

可重复性:可重复

著录规则:

(1)根据数字文化资源自身(如视音频资源的片头、片尾、字幕、视频信息、音频信息等)、文件名、标签以及附带的文字资料等,用简体字著录会议名称。

(2)会议名称的著录形式为“会议名称(届次:会议日期:会议地点)”。在圆括号内,依次著录届次、会议日期、会议地点,并在会议日期和会议地点前冠冒号“:”。

(3)用阿拉伯数字著录会议的届次。会议日期著录召开会议的年份,同一会议在同一年里召开两次或多次时,须著录具体开会日期加以区别。会议地点著录开会地点所在的城市,若无城市名时,可著录具体的会址。

例:图像个体层记录

题名:陕西省文化信息资源共享工程工作会议现场

责任者[会议名称]:陕西省文化信息资源共享工程工作会议(2010:西安)

7.3.4　责任者并列名

名称:parallel name of creator

标签:责任者并列名

定义:用另一种语言文字表示的个人名称、团体名称或会议名称。

必备性:有则必备

可重复性:可重复

著录规则:

(1)根据数字文化资源自身(如视音频资源的片头、片尾、字幕、视频信息、音频信息等)、文件名、标签以及附带的文字资料等著录责任者并列名。

(2)用外文书写的责任者并列名要按照该语言文字的书写规则著录。例如,用英文书写的个人姓名,通常每个词的首字母大写,其余的字母小写。又如,用英文书写的团体名称,除冠词、介词、连接词外,每个词的首字母均需大写,其余的字母小写。

例1:视频个体层记录

题名:摩登时代
责任者[个人名称]:查理·卓别林
[责任者并列名]:Charles Chaplin

例2:图像个体层记录
题名:吃土豆的人
责任者[个人名称]:文森特·威廉·梵高
[责任者并列名]:Vincent Willem van Gogh

7.3.5 其他信息

名称:other information

标签:其他信息

定义:责任者信息的补充说明。

必备性:有则必备

可重复性:可重复

著录规则:

(1)依据数字文化资源的著录信息源著录补充说明责任者身份的信息。例如,责任者的所属单位、国籍、职务、职称、生卒年等相关信息。

(2)同一责任者有两个或多个其他说明时,可用自由行文的方式著录(见例2)。

(3)视频资源字幕中的责任者信息模糊不清、无法查证时,该责任者的其他信息则不予著录。

例1:视频个体层记录
题名:育种新天地
责任者[个人名称]:杜青林
[其他信息]:农业部部长

例2:图像个体层记录
题名:吃土豆的人
责任者[个人名称]:文森特·威廉·梵高
[责任者并列名]:Vincent Willem van Gogh
[其他信息]:1853-1890

7.3.6 责任方式

名称:role

标签:责任方式

定义:对资源的知识内容或艺术内容进行创作、整理的方式。

必备性:有则必备

可重复性:可重复

著录规则:

(1)根据数字文化资源自身(如片头、片尾、字幕、视音频信息等)、文件名、标签以及附带的文字资料等,从下拉菜单(详见表3)中选择适当的著录责任方式。

表3　责任方式使用说明一览表

责任方式	使用说明
编导	
编辑	译本编辑、音乐编辑、责任编辑、执行主编、策划编辑、助理编辑、文学编辑、栏目主编等具有该类职能的创作者均入此
编剧	改编入此
编曲	
编舞	
表演	指除舞蹈、演唱以外的个人文艺表演,如小品、相声、杂技等
创建	数据库的创建入此
承办	
场记	
策划	总策划入此
播出调音	
导播	
导演	总导演、合成导演、导演组、电视导演、外拍导演、执行导演、录音导演、配音导演、舞台导演、原排导演、译制导演等具有该类职能的创作者均入此
导演助理	
导演组	
道具	
道具设计	
灯光	
灯光总设计	
电脑灯	
翻译	
服装	
服装设计	
歌舞统筹	
后期制作	
化装/造型	
化装设计	
绘	绘画入此
激光技术	
记者	
技术监制	含技术总监等

续表

责任方式	使用说明
监制	含总监制、执行监制等
剪辑	
解说	
剧务	
剧务主任	
扩音调音师	
录音合成	
美工	
美术设计	
美术总设计	
配音	
片头制作	
摄像	
摄影	
升降臂技术	
视频技术	含特技、字幕、动画、电编等
受访者	
图文字幕	
团体演出	含乐队、团体舞蹈、合唱等
武术指导	含动作指导
舞蹈	
舞美监制	
演唱	
演讲	
演奏	
音乐编辑	
音乐录音	
音乐总监	
音频技术	
音频制作	
音效	含拟音
乐队首席	
指挥	

续表

责任方式	使用说明
制片	
制片人	含总制片人
制片主任	
主办	
主编	编著者入此
主持人/播音	含播音员
主讲人	
主演	领衔主演、男主角、女主角、男配角、女配角等入此；讲座类节目主讲人入此
撰稿	总撰稿等具有该类职能的创作者均入此
总录音师	
总体设计	
作词	
作曲	创作
作者	原作者、译制者入此

(2)倘若数字文化资源未载有责任方式，必要时可扩充下拉菜单中责任方式。

(3)同一责任者有两种以上的责任方式时，可重复著录责任方式(见例3)。

例1:视频个体层记录

题名:出征前夜

[系列题名]:长征

[分集总数]:8集

[分集次]:第2集

责任者[个人名称]:王树增

[责任方式]:主讲人

[团体名称]:文化部全国文化信息资源建设中心

[责任方式]:创建

例2:视频个体层记录

题名:海水养鸭

[系列题名]:科技苑

责任者[个人名称]:陆梅

[责任方式]:主持人/播音

例3:视频个体层记录

题名:育种新天地

责任者[个人名称]:杜青林

[其他信息]:农业部部长
[责任方式]:受访者
[个人名称]:周玉
[责任方式]:主持人/播音
[个人名称]:刘录祥
[其他信息]:中国农科院航天育种中心主任、国家航天育种工程项目首席专家
[责任方式]:受访者
[个人名称]:包文生
[其他信息]:甘肃省天水市航天育种基地负责人
[责任方式]:受访者
[个人名称]:刘敏
[其他信息]:中国科学院遗传与发育生物学研究所研究员
[责任方式]:受访者
[个人名称]:徐福祥
[其他信息]:中国空间技术研究院院士
[责任方式]:受访者
[个人名称]:张宝文
[其他信息]:农业部副部长
[责任方式]:受访者

例4:音频个体层记录
题名:妈妈教我一支歌
责任者[个人名称]:殷秀梅
[责任方式]:演唱
[个人名称]:杨涌
[责任方式]:作词
[个人名称]:刘虹
[责任方式]:作曲

例5:音频个体层记录
题名:"弦韵如歌"交响音乐会;上
责任者[个人名称]:李心草
[责任方式]:指挥
[个人名称]:赵坤宇
[责任方式]:乐队首席
[个人名称]:乌里赫·科诺泽
[责任方式]:演奏
[个人名称]:张缨

　　　　　　　　［责任方式］:演奏
　　　　　　　　［团体名称］:中国交响乐团
　　　　　　　　［责任方式］:演奏

例6:图像个体层记录
　　题名:秋虫菊石
　　责任者［个人名称］:齐白石
　　　　　［责任方式］:绘

例7:数据库集合层记录
　　题名:VOD 视频点播
　　责任者［团体名称］:首都图书馆
　　　　　［责任方式］:创建

7.4 版本

名称:edition

标签:版本

定义:指明资源的版本信息。

注释:某一种数字文化资源因表演、编辑、制作形式的不同而产生的另一种数字文化资源,但不包括格式的差别。

必备性:有则必备

可重复性:不可重复

著录规则:根据数字文化资源的标签、附带文字资料等,选用"播出版、共享工程成品版、精编版、母版、素材版、外文原版、修订版、修复版、译制版、音像制品版、资料版、其他"中适当的词著录版本。

例1:视频个体层记录
　　题名:江姐
　　　　［并列题名］:Sister Jiang
　　　　［其他题名信息］:大型民族歌剧
　　版本:复排演出版

例2:音频个体层记录
　　题名:中国戏曲名家名唱
　　　　［其他题名信息］:越剧
　　版本:精编版

7.5 出版发行

名称:publication distribution

标签:出版发行

定义:与资源的出版、制作、发行等活动有关的数据。

必备性:有则必备

可重复性:不可重复

7.5.1 出版地

名称:place of publication

标签:出版地

定义:资源出版者的所在地。

必备性:有则必备

可重复性:可重复

著录规则:对于公开出版的录像带、录音带、DVD、CD 等视音视频资源,根据视音频资源的标签、附带的文字资料等著录出版者所在的城市名称。

例:视频个体层记录

出版发行[出版地]:北京

7.5.2 出版者

名称:publisher

标签:出版者

定义:使资源可以获得和利用的责任实体。

注释:出版者包括个人、组织或某项服务。通常用出版者的名称来标识。

必备性:有则必备

可重复性:可重复

著录规则:根据资源的标签、附带的文字资料等著录公开出版的录像带、录音带、DVD、CD 等资源的出版者。

例:视频个体层记录

出版发行[出版地]:北京

[出版者]:北京科影音像出版社

7.5.3 出品地

名称:place of production

标签:出品地

定义:视音频资源出品者的所在地。

必备性:有则必备

可重复性:可重复

著录规则:出品地依据规定信息源著录出品者所在地的城市名称。如有多个出品地可一一照录。

例:视频个体层记录

出版发行[出品地]:北京

7.5.4 出品者

名称:producer

标签:出品者

定义:从事视音频资源出品活动的单位或个人。

必备性:有则必备

可重复性:可重复

著录规则:依据规定信息源著录出品者。如有两个或多个出品地和出品者时,出品地与出品者的著录需一一对应(见例2)。

例1:视频个体层记录

出版发行[出品地]:香港

[出品者]:汤臣电影公司

例2:视频个体层记录

出版发行[出品地]:北京

[出品者]:中影集团

[出品地]:北京

[出品者]:北京电影制片厂

[出品地]:北京

[出品者]:荣信达影视艺术中心

7.6 日期

名称:date

标签:日期

定义:与资源生命周期中的一个事件相关的时刻或一段时间。

必备性:必备

可重复性:不可重复

7.6.1 拍照日期

名称:date of photo

标签:拍照日期

定义:拍照片的日期。

注释:拍照日期仅供图像资源用。

必备性:有则必备

可重复性:不可重复

著录规则:

(1)根据在编照片文件自身记录的文字或者文化部全国公共文化发展中心及分中心提供的文字资料,按照"YYYY - MM - DD"的格式著录拍照日期。"YYYY"表示用4位数著录"年";"MM"表示用2位数著录"月份"(如01—12);"DD"表示用2位数著录"日"(如01—31)。

(2)若无确切的拍照日期可著录拍照年,其余部分由系统自动填补空格。

例:图像个体层记录

日期[拍照日期]:2010 - 05 - 09

7.6.2 摄制日期

名称:screening date

标签:摄制日期

定义:视频资源拍摄制作完成的日期。

注释:摄制日期仅供视频资源用。

必备性:有则必备

可重复性:不可重复

著录规则:

(1)根据著录信息源或文化部全国公共文化发展中心及分中心提供的文字资料,按照"YYYY-MM-DD"的格式著录摄制日期。"YYYY"表示用4位数著录"年";"MM"表示用2位数著录"月份"(如01—12);"DD"表示用2位数著录"日"(如01—31)。

(2)视频资源的摄制日期无"月""日"时,可以只著录拍摄年,其余部分由系统自动填补空格。

(3)正式出版的视频资源不著录摄制日期。

例:视频个体层记录

日期[摄制日期]:2012-10-01

7.6.3 录制日期

名称:recorded date

标签:录制日期

定义:录制音频资源的日期。

注释:录制日期仅供音频资源用。

必备性:有则必备

可重复性:不可重复

著录规则:

(1)根据著录信息源或文化部全国公共文化发展中心及分中心提供的文字资料,按照"YYYY-MM-DD"的格式著录音频资源的录制日期。"YYYY"表示用4位数著录"年";"MM"表示用2位数著录"月份"(如01—12);"DD"表示用2位数著录"日"(如01—31)。

(2)音频资源的录制日期无"月""日"时,可以只著录录制年,其余部分由系统自动填补空格。

(3)正式出版的音频资源不著录录制日期。

例:音频个体层记录

日期[录制日期]:2013-01-12

7.6.4 出版日期

名称:date of publication

标签:出版日期

定义:资源正式出版的日期。

必备性:有则必备

可重复性:不可重复

著录规则:

(1)根据著录信息源,按照"YYYY-MM-DD"的格式著录出版日期。"YYYY"表示用4位数著录"年";"MM"表示用2位数著录"月份"(如01—12);"DD"表示用2位数著录

“日”(如01—31)。

(2)资源无出版的“月”“日”时,可以只著录出版年,其余部分由系统自动填补空格。

例1:视频个体层记录

日期[出版日期]:2009

例2:音频个体层记录

日期[出版日期]:2009 - 05

7.6.5　发布日期

名称:issued

标签:发布日期

定义:资源正式发布的日期。

注释:按照“YYYY - MM - DD”的格式表示发布日期。

必备性:有则必备

可重复性:可重复

著录规则:依据文化部全国公共文化发展中心或分中心提供的信息,著录数字文化资源在网络上正式发布的日期。

7.6.6　创建日期

名称:created

标签:创建日期

定义:资源正式创建的日期。

注释:创建日期仅供数据库用。按照“YYYY - MM - DD”的格式表示创建日期。

必备性:有则必备

可重复性:不可重复

著录规则:依据数字文化资源数据库本身或附带的文字资料,著录数据库的创建日期。

例:数据库集合层记录

日期[创建日期]:2012 - 02 - 15

7.7　描述

名称:description

标签:描述

定义:资源的说明解释。

必备性:必备

可重复性:不可重复

7.7.1　摘要

名称:abstract

标签:摘要

定义:概括地说明资源的内容要点。

必备性:必备

可重复性:不可重复

著录规则:根据数字文化资源的内容,以自由行文的方式、用概括性的文字撰写摘要。文字力求言简意赅。

例1:视频个体层记录

题名:奥运营销中国

责任者[个人名称]:朱小明

[责任方式]:主讲人

描述[摘要]:奥运对中国经济界的影响;奥运队中国企业的影响,尤其是国际化的影响;奥运对中国营销和消费市场的影响;奥运对中国文化、人文情感的影响,尤其是责任感和爱心价值的影响。

例2:音频个体层记录

题名:二泉映月

[并列题名]:Moon

描述[摘要]:《二泉映月》是阿炳的代表作,最开始为无标题目音乐,是阿炳经过长期的修改演绎,结合自己坎坷的一生逐步发展形成,是我国民间音乐的精华之一,现已在国内外广为流传。

例3:数据库集合层记录

题名:VOD 视频点播

描述[摘要]:VOD 视频点播是以首都图书馆馆藏音像资料为基础建设的视频点播系统,可通过局域网在线观看超过 1600 部电影、电视剧、纪录片。

7.7.2 目次

名称:contents

标签:目次

定义:资源组成单元的列表。

必备性:可选

可重复性:不可重复

著录规则:在编资源的子目依次著录在"目次"内,建议各组成单元前冠分号";"。在各个组成单元中,可依次著录序号、题名、其他题名信息、责任者、时长等信息,并在其他题名信息前冠冒号":",责任者前冠斜线"/",时长置于圆括号"()"中。在同一责任方式的创建者前置逗号","。

例1:视频集合层记录

题名:中华传统文化

责任者[团体名称]:北京大学中国传统文化研究中心

[责任方式]:主办

描述[目次]:孔子的思想/汤一介演讲;《水浒传》漫谈/刘勇强演讲;《红楼梦》杰出的艺术成就/沈天佑演讲;古代中国的越境旅行家/耿引曾演讲

例2:音频集合层记录

题名:长征组歌

描述[目次]:1. 四渡赤水出奇兵;2. 到吴起镇;3. 飞越大渡河;4. 报喜;5. 大会师;6. 祝捷;7. 突破封锁线;8. 告别;9. 遵义会议放光辉

7.7.3 获奖

名称:award

标签:获奖

定义:资源的获奖情况。

必备性:有则必备

可重复性:可重复

著录规则:

(1)根据入库单或者其他资料提供的信息,如实地著录获奖资源的奖名、奖项、获奖者、获奖年度或届次、颁奖日期等信息。

(2)奖名要著录获奖的完整名称。

(3)如实地著录获得奖项的个人或团体的名称。

(4)用阿拉伯数字著录获奖年度和届次。

例:视频个体层记录

题名:贫民窟的百万富翁

描述[获奖]:2008 年,《贫民窟的百万富翁》获第 33 届多伦多国际电影节"人民选择奖"。2009 年,《贫民窟的百万富翁》获第 81 届奥斯卡最佳影片奖、最佳改编剧本奖、最佳电影剪辑奖、最佳原创音乐奖、最佳音效合成奖以及最佳摄影奖。

7.7.4 唱法

名称:singing method

标签:唱法

定义:演唱者的发声方法。

注释:仅供音频资源中的声乐(如歌曲)用。

必备性:可选

可重复性:不可重复

著录规则:根据歌曲中演唱者的发声方法,在下拉菜单"美声、民族、通俗、其他"中选择适当的词著录唱法。

例1:音频个体层记录

题名:妈妈教我一支歌

责任者[个人名称]:殷秀梅

[责任方式]:演唱

描述[唱法]:美声

例2:音频个体层记录

题名:过雪山草地

描述[唱法]:其他

7.7.5　声部

名称:voice part

标签:声部

定义:演唱者的声音特征。

注释:仅供音频资源中的声乐(如歌曲)用。

必备性:可选

可重复性:不可重复

著录规则:根据歌曲中演唱者的发声特征,在下拉菜单"男声、女声、童声、混声"中选择适当的词著录声部。

例1:音频个体层记录

题名:妈妈教我一支歌

责任者[个人名称]:殷秀梅

[责任方式]:演唱

描述[唱法]:美声

[声部]:女声

例2:音频个体层记录

题名:过雪山草地

描述[唱法]:其他

[声部]:混声

7.7.6　演唱形式

名称:form of singing

标签:演唱形式

定义:歌曲的演唱方式。

注释:演唱形式仅供声乐(如歌曲)用。

必备性:可选

可重复性:不可重复

著录规则:根据歌曲的演唱方式,在下拉菜单"独唱、齐唱、合唱、重唱、联唱、对唱、轮唱、表演唱、领唱合唱、组合唱、其他"中选择适当的词著录演唱形式。

例1:音频个体层记录

题名:妈妈教我一支歌

责任者[个人名称]:殷秀梅

[责任方式]:演唱

描述[唱法]:美声

[声部]:女声

[演唱形式]:独唱

例 2:音频个体层记录

题名:过雪山草地

描述[唱法]:其他

[声部]:混声

[演唱形式]:领唱合唱

7.7.7 演奏形式

名称:form of playing

标签:演奏形式

定义:乐曲的演奏方式。

注释:演奏形式仅供音频资源中的器乐曲或配乐用。

必备性:可选

可重复性:不可重复

著录规则:根据音频资源中乐曲的演奏方式,从下拉菜单"独奏、重奏、齐奏、合奏、协奏'中选择适当的词著录演奏形式。

例 1:音频个体层记录

题名:平湖秋月

[其他题名信息]:古筝

[其他题名信息]:名家演奏经典曲目

描述[摘要]:这是一首广东音乐,曲调优美动听,富有诗意。乐曲描写了美丽动人的自然景色。

[演奏形式]:独奏

例 2:音频个体层记录

题名:美丽的早晨

责任者[团体名称]:(瑞士)乔瓦尼乐队

[责任方式]:演奏

描述[演奏方式]:合奏

7.7.8 附加块类型

名称:type of additional logo

标签:附加块类型

定义:叠加在视频资源上的特殊标记或结构块类型,如片头、广告、片尾、台标、文字信息、频道名称、栏目标识、模拟时钟等。

注释:附加块类型仅供视频资源用。

必备性:有则必备

可重复性:不可重复

著录规则:

(1)根据在编视频资源的具体情况,选用本规则规定的"广告、台标、频道名称、栏目标识、文字信息、片头、片尾、模拟时钟、其他"这些适当词著录附加块类型。

(2)叠加在视频资源上的特殊标记或结构块,需按照出现的先后顺序条目化。

(3)附加块类型与附加块描述须捆绑使用,著录的内容需一一对应。

例:视频个体层记录

题名:花好月圆

描述[附加块类型]:频道名称

7.7.9 附加块描述

名称:description of additional logo

标签:附加块描述

定义:叠加在视频资源上的特殊标记或结构块说明。

注释:附加块描述仅供视频资源用。

术语类型:元素修饰词

必备性:有则必备

可重复性:不可重复

著录规则:

(1)叠加在视频资源上的特殊标记或结构块,需按照出现的先后顺序条目化。

(2)附加块类型与附加块描述须捆绑使用,著录的内容需一一对应。

例1:视频个体层记录

题名:通天塔

描述[附加块类型]:片头

[附加块描述]:电影《通天塔》片头

[附加块类型]:标识

[附加块描述]:文化共享工程

[附加块类型]:片尾

[附加块描述]:电影《通天塔》片尾

例2:视频个体层记录

题名:红孩子

描述[附加块类型]:频道名称

[附加块描述]:CCTV6

[附加块类型]:片头

[附加块描述]:电影《红孩子》片头

[附加块类型]:广告

[附加块描述]:蒙牛酸酸奶

[附加块类型]:广告

[附加块描述]:新飞电器

[附加块类型]:广告

[附加块描述]:海尔冰箱

[附加块类型]:片尾

[附加块描述]:电影《红孩子》片尾

7.7.10　声道编号

名称:audio channel number

标签:声道编号

定义:视音频资源声音通道的序次号。

注释:此处的声道编号仅供视频资源用。

必备性:可选

可重复性:不可重复

著录规则:声道编号须与声道内容捆绑使用,用阿拉伯数字著录声道编号。

例:视频个体层记录

描述[声道编号]:1

7.7.11　声道内容

名称:audio channel description

标签:声道内容

定义:描述视频资源声道内所记录声音内容的分类。

注释:声道内容仅供视频资源用。

必备性:可选

可重复性:不可重复

著录规则:声道编号须与声道内容捆绑使用。根据视频资源自行判断声道内容,并选用下拉菜单“现场同期声、混合声、解说声、音乐声、效果声、国际声、同期翻译声”中适当的词著录。

例:视频个体层记录

描述[声道编号]:1

[声道内容]:混合声

7.7.12　附注

名称:note

标签:附注

定义:用以揭示在其他元素或修饰词中不便反映的书目信息,进一步说明资源的性质、特征、用途以及范围等。

必备性:可选

可重复性:可重复

著录规则:

(1)除“描述”元素设立的修饰词外,与在编资源有关的说明(如,资源的附件、数据库更新频率等)可以自由行文的方式著录在“附注”内。

(2)如有多条附注,可重复使用“附注”修饰词。

例:视频个体层记录

题名:通天塔

描述[附注]:附《通天塔》剧照

7.7.13　检索途径

名称:searchWay

标签:检索途径

定义:从数据库或检索工具中查找所需信息或资源的途径。

注释:数字文化资源标引时,赋予每个资源的检索标识都可以成为检索路径。

必备性:有则必备

可重复性:不可重复

著录规则:根据数据库自身或附带的文字资料,用题名、责任者、主题词、关键词、分类号以及布尔逻辑算符等术语著录其检索途径。

7.8 主题

名称:subject

标签:主题

定义:资源的主题。

注释:一般采用关键词、关键词短语或分类号来描述。建议使用受控词表。

必备性:必备

可重复性:不可重复

7.8.1 平台数字资源分类法

名称:DRC

标签:平台数字资源分类法

定义:国家公共文化数字支撑平台数字资源分类法。

必备性:必备

可重复性:可重复

著录规则:根据在编数字文化资源的内容,赋予符合《国家公共文化数字支撑平台数字资源分类法》标志体系的分类号。

例1:视频个体层记录

题名:海水养鸭

[系列题名]:科技苑

责任者[个人名称]:陆梅

[责任方式]:主持人/播音

主题[平台数字资源分类法]:N50:W34

例2:音频个体层记录

题名:妈妈教我一支歌

责任者[个人名称]:殷秀梅

[责任方式]:演唱

主题[平台数字资源类法]:E40:W15

例3:图像个体层记录

题名:奴隶与狮

责任者[个人名称]:徐悲鸿

[责任方式]:绘

主题[平台数字资源类法]:E20

7.8.2 广电分类法

名称:GYZ

标签:广电分类法

定义:广播电视节目资料分类法。

必备性:可选

可重复性:可重复

著录规则:根据在编数字文化资源的内容,赋予符合《广播电视节目资料分类法》标志体系的分类号。

例1:视频个体层记录

题名:雷锋

主题[广电分类法]:J4813

例2:视频个体层记录

题名:性别与社会性别和公民意识

主题[广电分类法]:C913

例3:视频分析层记录

题名:性别与社会性别

主题[广电分类法]:C913

关联[包含于]:性别与社会性别和公民意识

7.8.3 中图法

名称:CLC

标签:中图法

定义:中国图书馆图书分类法。

必备性:可选

可重复性:可重复

著录规则:根据在编数字文化资源的内容,赋予符合《中国图书馆图书分类法》标志体系的分类号。

例1:视频个体层记录

题名:海水养鸭

[系列题名]:科技苑

责任者[个人名称]:陆梅

[责任方式]:主持人/播音

主题[中图法]:S834

例2:视频个体层记录

题名:中国春节

责任者[个人名称]:王娟

[责任方式]:演讲

主题[中图法]:K892.1

例3:音频个体层记录

题名:妈妈教我一支歌

责任者[个人名称]:殷秀梅

[责任方式]:演唱

主题[中图法]:J652.1

例4:图像个体层记录

题名:奴隶与狮

责任者[个人名称]:徐悲鸿

[责任方式]:绘

主题[中图法]:J223

7.8.4 关键词

名称:keyword

标签:关键词

定义:直接以自然语言中未经控制或只作少量控制的语词表达主题。

必备性:必备

可重复性:可重复

著录规则:

(1)根据视音频资源的主题内容,用具有检索意义的、专指性强的词或词组做关键词。但是要避免选用泛指或抽象的名词(如人民、革命等)做关键词。

(2)视音频资源有多个关键词时,可重复"关键词"这一修饰词。

例1:视频个体层记录

题名:海水养鸭

[系列题名]:科技苑

责任者[个人名称]:陆梅

[责任方式]:主持人/播音

主题[中图法]:S834

[关键词]:养鸭

例2:视频个体层记录

题名:中国春节

责任者[个人名称]:王娟

[责任方式]:演讲

主题[中图法]:K892.1

[关键词]:中国

[关键词]:节日

例3:音频个体层记录
题名:妈妈教我一支歌
责任者[个人名称]:殷秀梅
[责任方式]:演唱
主题[中图法]:J652.1
[关键词]:群众歌曲

例4:图像个体层记录
题名:奴隶与狮
责任者[个人名称]:徐悲鸿
[责任方式]:绘
主题[中图法]:J223
[关键词]:中国油画
[关键词]:徐悲鸿

例5:数据库集合层记录
题名:VOD视频点播
责任者[团体名称]:首都图书馆
[责任方式]:创建
主题[关键词]:视频
[关键词]:数据库

7.9 类型

名称:type

标签:类型

定义:资源的特征或类型。

注释:类型包括描述资源内容的一般范围、功能、种属或聚类层次的术语。本规范采用DCMI资源类型表(DCMI type)标识类型。

必备性:必备

可重复性:不可重复

著录规则:根据视音频资源具体情况,在下拉菜单"视频资源""音频资源""图像资源"以及"数据库"中选用适当的词著录类型。

例1:视频个体层记录
题名:海水养鸭
[系列题名]:科技苑
责任者[个人名称]:陆梅
[责任方式]:主持人/播音

类型:视频资源

例 2:视频个体层记录
题名:中国春节
责任者[个人名称]:王娟
[责任方式]:演讲
类型:视频资源

例 3:音频个体层记录
题名:妈妈教我一支歌
责任者[个人名称]:殷秀梅
[责任方式]:演唱
类型:音频资源

例 4:图像个体层记录
题名:奴隶与狮
责任者[个人名称]:徐悲鸿
[责任方式]:绘
类型:图像资源

例 5:数据库集合层记录
题名:VOD 视频点播
责任者[团体名称]:首都图书馆
[责任方式]:创建
类型:数据库

7.9.1 节目类型

名称:program type
标签:节目类型
定义:视音频资源主要内容的分类特征。
注释:节目类型仅供视音频资源用。
必备性:必备
可重复性:可重复

著录规则:根据视音频资源的具体情况,在下拉菜单"扶贫社保、国防军事、市场经营、法规政务、科学普及、民族文化、曲艺杂技、少儿文艺、社会教育、社会文化、体育健身、文化遗产、中国舞蹈、中国戏剧、中国戏曲、中国音乐、中国文学、影视文化、中国美术、旅游文化、典籍善本、中国历史、生活常识、医药卫生、农业技术、人居环境、其他"中选用适当的词著录资源节目类型。

例 1:视频个体层记录
题名:海水养鸭

[系列题名]:科技苑
责任者[个人名称]:陆梅
[责任方式]:主持人/播音
类型:视频
[节目类型]:农业实用技术

例2:视频个体层记录
题名:中国春节
责任者[个人名称]:王娟
[责任方式]:演讲
类型:视频
[节目类型]:社会文化

例3:音频个体层记录
题名:妈妈教我一支歌
责任者[个人名称]:殷秀梅
[责任方式]:演唱
类型:音频
[节目类型]:中国音乐

7.9.2 节目形态

名称:program form
标签:节目形态
定义:视音频资源的表现形式。
注释:节目形态仅供视音频资源用。
必备性:必备
可重复性:可重复
著录规则:用下拉菜单“电视剧、电影、动画、集锦、讲座、教学、评论、赛事、谈话、舞台、小品、新闻、游戏竞赛、专题、综述、其他”中选用适当的词著录节目形态。

例1:视频个体层记录
题名:海水养鸭
[系列题名]:科技苑
责任者[个人名称]:陆梅
[责任方式]:主持人/播音
类型:视频
[节目类型]:农业技术
[节目形态]:其他

例2:视频个体层记录
题名:中国春节

责任者[个人名称]:王娟
　　　[责任方式]:演讲
类型:视频
　　[节目类型]:社会文化
　　[节目形态]:专题

例3:视频个体层记录
题名:众志成城　重建家园
　　[其他题名信息]:综艺晚会
类型:视频
　　[节目类型]:中国音乐
　　[节目形态]:舞台

例4:音频个体层记录
题名:妈妈教我一支歌
责任者[个人名称]:殷秀梅
　　　[责任方式]:演唱
类型:音频
　　[节目类型]:中国音乐
　　[节目形态]:其他

例5:图像个体层记录
题名:奴隶与狮
责任者[个人名称]:徐悲鸿
　　　[责任方式]:绘
类型:图像
　　[节目类型]:中国美术
　　[节目形态]:其他

7.10　格式

名称:format
标签:格式
定义:资源的文件格式、物理媒体或尺寸规格。
必备性:必备
可重复性:不可重复

7.10.1　数量

名称:extent
标签:数量
定义:资源的数量及其特定资源标识的单位。

必备性:可选

可重复性:不可重复

著录规则:

(1)成系列或成套数字文化资源的集合层记录,以文件的"个数"为单位著录其"数量"。

(2)单个资源文件的个体层记录和数据库集合记录,以"TB""GB""KB"或"K"为单位著录其"数量"。

例1:视频集合层记录

题名:周汝昌眼中的四大名著

责任者[个人名称]:周汝昌

[责任方式]:主讲人

[团体名称]:文化部全国文化信息资源建设中心

[责任方式]:创建

格式[数量]:5 个文件

例2:视频个体层记录

题名:孔子的思想

责任者[个人名称]:汤一介

[责任方式]:演讲

格式[数量]:46925K

例3:音频个体层记录

题名:过雪山草地

格式[数量]:192K

例4:图像个体层记录

题名:奴隶与狮

责任者[个人名称]:徐悲鸿

[责任方式]:绘

格式[数量]:84451K

7.10.2 尺寸

名称:size

标签:尺寸

定义:图像资源的尺寸。

注释:尺寸仅供图像资源用。

必备性:可选

可重复性:不可重复

著录规则:凡是经数字化的图像资源,以"cm"为单位著录原作品的尺寸(宽×高),逢小数进一。原生的数字图像资源不著录此内容。

例:图像个体层记录

题名:奴隶与狮
责任者[个人名称]:徐悲鸿
[责任方式]:绘
格式[数量]:84451K
[尺寸]:123×153cm

7.10.3　时长

名称:duration

标签:时长

定义:播放视音频资源正式有效内容的实际时间长度。

注释:时长仅供视音频资源用。

必备性:必备

可重复性:不可重复

著录规则:依据在编视音频资源采用"HH:MM:SS.SS"格式,并用半角状态著录播放视音频资源正式有效内容的时长。"HH"表示用两位数著录"时","MM"表示用两位数著录"分","SS"表示用两位数著录"秒",".SS"表示秒的小数部分。

例1:视频个体层记录
题名:孔子的思想
责任者[个人名称]:汤一介
[责任方式]:演讲
格式[数量]:46925K
[时长]:00:28:07.05

例2:音频个体层记录
题名:过雪山草地
格式[数量]:192K
[时长]:00:09:00.00

7.10.4　入点

名称:starting point

标签:入点

定义:视音频资源正式有效内容的起始点时间。

注释:入点仅供视音频资源用。

必备性:必备

可重复性:不可重复

著录规则:视音频资源的分析层记录采用"HH:MM:SS.SS"格式,用半角状态著录析出视频或音频的入点。"HH"表示用两位数著录"时","MM"表示用两位数著录"分","SS"表示用两位数著录"秒",".SS"表示秒的小数部分。

例1:视频分析层记录
题名:功夫令
责任者[个人名称]:由二群

　　　　[责任方式]:导演
　　　　[个人名称]:赵丽蓉
　　　　[责任方式]:表演
　　　　[个人名称]:巩汉林
　　　　[责任方式]:表演
　　格式[时长]:00:08:49.00
　　　　[入点]:00:00:00.00
　　关联[包含于]:百集小品相声.第325-328集

例2:视频分析层记录
　　题名:中国小说的定义
　　责任者[个人名称]:周汝昌
　　　　[责任方式]:主讲人
　　格式[时长]:00:04:53.00
　　　　[入点]:00:03:54.00
　　关联[包含于]:《三国演义》的内涵/周汝昌主讲人

7.10.5　制式

名称:system

标签:制式

定义:视频系统发送端和接收端共同采用的特定的信号处理方式,主要包括图像信号的形式、传送和图像重现的方法。

注释:制式仅供视频资源用。

必备性:有则必备

可重复性:不可重复

填写方式:根据在编视频资源的具体情况,在下拉菜单"PAL、NTSC、SECAM"中选择适当的词著录制式。

例:视频个体层记录
　　题名:首届中国少年儿童合唱节闭幕晚会
　　格式[时长]:01:16:00.00
　　　　[入点]:00:00:00.00
　　　　[色彩]:彩色
　　　　[字幕形式]:只有画面叠加字幕
　　　　[画面宽高比]:4:3
　　　　[制式]:PAL

7.10.6　画面宽高比

名称:aspect ratio

标签:画面宽高比

定义:视频资源显示画面的宽度与高度之比。

注释:画面宽高比仅供视频资源用。

必备性:可选

可重复性:不可重复

著录规则:根据视频文件属性中的文字记载,从下拉菜单“16:9”“4:3”“其他”中选用适当的数值著录画面宽高比。

例1:视频个体层记录

题名:孔子的思想

责任者[个人名称]:汤一介

[责任方式]:演讲

格式[数量]:46925K

[时长]:00:28:07.05

[入点]:00:00:00.00

[画面宽高比]:其他

例2:视频个体层记录

题名:百集小品相声;第325-328集

责任者[团体名称]:文化部全国文化信息资源建设中心

[责任方式]:创建

格式[时长]:00:53:32.00

[入点]:00:00:00.00

[画面宽高比]:4:3

7.10.7 声音特征

名称:soundCharacteristic

标签:声音特征

定义:视频资源的声音特征。

注释:声音特征仅供视频资源用。

必备性:可选

可重复性:不可重复

著录规则:依据在编视频资源的具体情况,在下拉菜单“有声、无声”中选择适当的词著录声音特征。

7.10.8 色彩

名称:color

标签:色彩

定义:描述视频资源或图像资源主要内容显现的色彩种类。

注释:色彩仅供视频资源和图像资源用。

必备性:必备

可重复性:不可重复

著录规则:根据在编视频资源和图像资源的具体情况,在下拉菜单“彩色、黑白”中选择适当的词著录色彩。

例1:视频资源个体层记录

题名:孔子的思想

责任者[个人名称]:汤一介

[责任方式]:演讲

格式[数量]:46925K

[时长]:00:28:07.05

[入点]:00:00:00.00

[画面宽高比]:其他

[色彩]:彩色

例2:图像个体层记录

题名:奴隶与狮

责任者[个人名称]:徐悲鸿

[责任方式]:绘

格式[数量]:84451K

[尺寸]:123×153cm

[色彩]:彩色

7.10.9 字幕形式

名称:subtitle form

标签:字幕形式

定义:视频资源的字幕表现形式。

注释:字幕形式仅供视频资源用。

必备性:必备

可重复性:不可重复

著录规则:根据在编视频资源的视频信息,从下拉菜单"无字幕、只有画面叠加字幕、只有隐藏字幕、既有画面叠加字幕也有隐藏字幕"中选适当的词著录字幕形式。

例:视频个体层记录

题名:海水养鸭

[系列题名]:科技苑

责任者[个人名称]:陆梅

[责任方式]:主持人/播音

格式[字幕形式]:只有画面叠加字幕

7.10.10 分辨率

名称:resolution

标签:分辨率

定义:反映显示器件、光学器件等的精细程度和分辨能力。

注释:分辨率仅供视频资源和图像资源使用。

必备性:可选

可重复性:不可重复

著录规则:根据视频文件属性中的文字记载,由编目系统自动生成分辨率。

例:视频个体层记录

题名:孔子的思想

责任者[个人名称]:汤一介

[责任方式]:演讲

格式[数量]:46925K

[时长]:00:28:07.00

[入点]:00:00:00.00

[画面宽高比]:其他

[色彩]:彩色

[分辨率]:352×288

7.10.11 声道格式

名称:audio channel format

标签:声道格式

定义:描述视音频资源的声音通道之间的关系。

注释:声道格式仅供视音频资源用。

必备性:可选

可重复性:不可重复

著录规则:根据在编视音频资源的实际情况,在下拉菜单"单声道、双声道、立体声、多声道、杜比定向逻辑、杜比数字、DTS"中选择适当的词著录声道格式。

例1:视频个体层记录

题名:青藏线;第一集

责任者[个人名称]:超克

[责任方式]:编导

[个人名称]:杨帆

[责任方式]:摄影

[个人名称]:王向群

[责任方式]:摄影

[个人名称]:贾际

[责任方式]:解说

[个人名称]:焦建成

[责任方式]:主编

[个人名称]:焦建成

[责任方式]:主持人、播音

格式[时长]:00:28:39.00

[入点]:00:00:00.00

[画面宽高比]:4:3

[色彩]:彩色

[声道格式]:双声道

例2:题名:过雪山草地

格式[数量]:192K

[时长]:00:09:00.00

[入点]:00:00:00.00

[声道格式]:立体声

7.10.12　声音质量

名称:audio quality

标签:声音质量

定义:对视频资源整体声音质量的主观评价。

注释:声音质量仅供视频资源用。

必备性:必备

可重复性:不可重复

著录规则:根据视频播放的声音,从下拉菜单“质量低劣,无法忍受;质量差,勉强能听;质量一般可接受;质量好,比较满意;质量极佳,十分满意”中选用适当词语著录声音质量。

例:视频个体层记录

题名:青藏线;第1集

责任者[个人名称]:超克

[责任方式]:编导

[个人名称]:杨帆

[责任方式]:摄影

[个人名称]:王向群

[责任方式]:摄影

[个人名称]:贾际

[责任方式]:解说

[个人名称]:焦建成

[责任方式]:主编

[个人名称]:焦建成

[责任方式]:主持人/播音

格式[时长]:00:28:39.00

[入点]:00:00:00.00

[画面宽高比]:4:3

[色彩]:彩色

[声道格式]:双声道

[声音质量]:质量好,比较满意

7.10.13　画面质量

名称:video quality

标签:画面质量

定义:对视频资源的整体画面质量的主观评价。

注释:画面质量仅供视频资源用。

必备性:必备

可重复性:不可重复

著录规则:

(1)根据在编视频资源的具体情况,从下拉菜单“质量低劣,无法观看;质量差,勉强能看;质量一般,可接受;质量好,比较满意;质量极佳,十分满意”中选用适当的词语著录画面质量。

(2)画面质量的主观评价应符合 GY/T 134—1998、GB/T 7401—1996 的有关规定。

例:视频个体层记录

题名:青藏线;第 1 集

责任者[个人名称]:超克

[责任方式]:编导

[个人名称]:杨帆

[责任方式]:摄影

[个人名称]:王向群

[责任方式]:摄影

[个人名称]:贾际

[责任方式]:解说

[个人名称]:焦建成

[责任方式]:主编

[个人名称]:焦建成

[责任方式]:主持人/播音

格式[时长]:00:28:39.00

[入点]:00:00:00.00

[画面宽高比]:4:3

[色彩]:彩色

[声道格式]:双声道

[声音质量]:质量好,比较满意

[画面质量]:质量一般,可接受

7.10.14 音频编码格式

名称:audio coding format

标签:音频编码格式

定义:数字音频采样序列的编码格式。

注释:音频编码格式仅供视音频资源用。

必备性:可选

可重复性:不可重复

著录规则:根据视音频资源的文件属性或相关的文字资料,在下拉菜单“PCM、MPEG 1 Layer 1、MPEG 1 Layer 2、MPEG 1 Layer 3、MPEG 2 Layer 1、MPEG 2 Layer 2、MPEG 2 Layer 3、OGG、MPC”中选用适当的词语著录音频编码格式。

例:视频个体层记录

题名:鏖战鲁西南
[系列题名]:大转折
[分集次]:上集
格式[时长]:01:33:55.03
[入点]:00:00:00.00
[色彩]:彩色
[字幕形式]:只有画面叠加字幕
[声道格式]:双声道
[声音质量]:质量好,比较满意
[画面质量]:质量一般,可接受
[载体类型]:DVD
[制式]:PAL
[音频编码格式]:PCL

7.10.15　音频数据码率

名称:audio data rate
标签:音频数据码率
定义:音频数据码流的每秒传输比特值。
注释:音频数据码率仅供视音频资源用。
必备性:可选
可重复性:不可重复
著录规则:用阿拉伯数字著录视音频资源音频数据码率。
例:视频个体层记录
题名:鏖战鲁西南
[系列题名]:大转折
[分集次]:上集
格式[时长]:01:33:48.05
[入点]:00:00:00.00
[制式]:PAL
[色彩]:彩色
[字幕形式]:只有画面叠加字幕
[声道格式]:双声道
[声音质量]:质量好,比较满意
[画面质量]:质量一般,可接受
[载体类型]:DVD
[音频编码格式]:PCM
[音频数据码率]:1536kbps

7.10.16　音频采样频率

名称:audio sampling frequency
标签:音频采样频率

定义:录音设备在一秒钟内对声音信号的采样次数。

注释:音频采样频率仅供视音频资源用。

必备性:可选

可重复性:不可重复

著录规则:在下拉菜单"32 KHz、44.1 KHz、48 KHz、96 KHz、192 KHz"中选用适当的数值著录音频采样频率。

例:视频个体层记录

题名:鏖战鲁西南

[系列题名]:大转折

[分集次]:上集

格式[时长]:01:33:55.03

[入点]:00:00:00.00

[制式]:PAL

[色彩]:彩色

[字幕形式]:只有画面叠加字幕

[声道格式]:双声道

[声音质量]:质量好,比较满意

[画面质量]:质量一般,可接受

[载体类型]:DVD

[音频编码格式]:PCM

[音频数据码率]:1536kbps

[音频采样频率]:48 KHz

7.10.17　音频位深度

名称:audio bit depth

标签:音频位深度

定义:在视频资源数字化时样本信息使用的比特数,也称为声音样本量的量化深度。

注释:音频位深度仅供视音频资源用。

必备性:可选

可重复性:不可重复

著录规则:在下拉菜单"8bit、16bit、24bit"中选用适当的数值著录音频位深度。

例:视频个体层记录

题名:鏖战鲁西南

[系列题名]:大转折

[分集次]:上集

格式[时长]:01:33:55.03

[入点]:00:00:00.00

[色彩]:彩色

[字幕形式]:只有画面叠加字幕

[声道格式]:双声道

[声音质量]:质量好,比较满意
[画面质量]:质量一般,可接受
[载体类型]:DVD
[制式]:PAL
[音频编码格式]:PCM
[音频数据码率]:1536kbps
[音频采样频率]:48 KHz
[音频位深度]:16 bit

7.10.18 视频编码格式

名称:video coding format

标签:视频编码格式

定义:视频数字化的编码方式。

注释:视频编码格式仅供视频资源用。

必备性:必备

可重复性:不可重复

著录规则:根据数字视频资源的文件属性或有关资料,从下拉菜单"MPEG2、MPEG4、M_JPEG、DV"中选用适当的词著录视频编码格式。

例:视频个体层记录

题名:鏖战鲁西南
[系列题名]:大转折
[分集次]:上集
格式[时长]:01:33:55.03
[入点]:00:00:00.00
[色彩]:彩色
[字幕形式]:只有画面叠加字幕
[声道格式]:双声道
[声音质量]:质量好,比较满意
[画面质量]:质量一般,可接受
[载体类型]:DVD
[制式]:PAL
[音频数据码率]:1536kbps
[音频编码格式]:PCM
[音频采样频率]:48 KHz
[音频位深度]:16 bit
[视频编码格式]:MPEG2

7.10.19 视频取样格式

名称:video sampling type

标签:视频取样格式

定义:视频信息编码时,编码信息从原始图像信息中取样的方式。

注释:视频取样格式仅供视频资源用。

必备性:必备

可重复性:不可重复

著录规则:根据在编视频资源的具体情况,从下拉菜单"4:1:1""4:2:0""4:2:2""4:4:4""4:4:4:4"中选用适当的数值著录视频取样格式。

例:视频个体层记录

题名:鏖战鲁西南

[系列题名]:大转折

[分集次]:上集

格式[时长]:01:33:55.03

[入点]:00:00:00.00

[色彩]:彩色

[字幕形式]:只有画面叠加字幕

[声道格式]:双声道

[声音质量]:质量好,比较满意

[画面质量]:质量一般,可接受

[载体类型]:DVD

[制式]:PAL

[音频数据码率]:1536kbps

[音频编码格式]:PCM

[音频采样频率]:48 KHz

[音频位深度]:16 bit

[视频数据码率]:6.4Mbps

[视频编码格式]:MPEG2

[视频取样格式]:4:2:0

7.10.20　视频数据码率

名称:video bit rate

标签:视频数据码率

定义:视频数据码流的每秒传输比特值。

注释:视频数据码率仅供视频资源用。

必备性:必备

可重复性:不可重复

著录规则:以"Mb/s"为单位,用阿拉伯数字著录视频数据码率。

例:视频个体层记录

题名:鏖战鲁西南

[系列题名]:大转折

[分集次]:上集

格式[时长]:01:33:55.03

[入点]:00:00:00.00

[色彩]:彩色
[字幕形式]:只有画面叠加字幕
[声道格式]:双声道
[声音质量]:质量好,比较满意
[画面质量]:质量一般,可接受
[载体类型]:DVD
[制式]:PAL
[音频数据码率]:1536kbps
[音频编码格式]:PCM
[音频采样频率]:48 KHz
[音频位深度]:16 bit
[视频数据码率]:6.4Mbps
[视频编码格式]:MPEG2

7.10.21 文件格式

名称:file format
标签:文件格式
定义:资源的数据格式,用于注明需要用什么软件或硬件来显示和执行此文件。
必备性:必备
可重复性:不可重复
著录规则:根据视频文件属性中的文字记载或文件名的后缀系统自动生成文件格式。
例1:视频个体层记录
题名:鏖战鲁西南
[系列题名]:大转折
[分集次]:上集
格式[时长]:01:33:55.03
[入点]:00:00:00.00
[色彩]:彩色
[字幕形式]:只有画面叠加字幕
[声道格式]:双声道
[声音质量]:质量好,比较满意
[画面质量]:质量一般,可接受
[载体类型]:DVD
[制式]:PAL
[音频数据码率]:1536kbps
[音频编码格式]:PCM
[音频采样频率]:48 KHz
[音频位深度]:16 bit
[视频数据码率]:6.4Mbps
[视频编码格式]:MPEG2

[视频取样格式]:4:2:0
[文件格式]:WMV

例2:音频个体层记录
题名:过雪山草地
格式[数量]:192K
[时长]:00:09:00.00
[入点]:00:00:00.00
[声道格式]:立体声
[音频数据码率]:56 kbps
[音频采样频率]:44.1KHz
[音频位深度]:16 bit
[文件格式]:audio/mp3

例3:图像个体层记录
题名:奴隶与狮
责任者[个人名称]:徐悲鸿
[责任方式]:绘
格式[数量]:84451K
[色彩]:彩色
[文件格式]:JPG

7.11 语种

名称:language
标签:语种
定义:资源的语种。
注释:建议采用 ISO 639 -2《语种名称代码表》中的受控词进行标识。
必备性:必备
可重复性:不可重复

7.11.1 声道编号

名称:audio channel number
标签:声道编号
定义:视音频资源的声音通道的序次号。
注释:声道编号仅供视音频资源用。
必备性:有则必备
可重复性:可重复
著录规则:根据视音频资源自身的实际情况用阿拉伯数字著录声道编号。
例:视频个体层记录
语种[声道编号]:1

7.11.2　声道语种

名称:audio channel language

标签:声道语种

定义:视频音频资源的声音通道中的语种名称。

注释:声道语种仅供视音频资源用。

必备性:有则必备

可重复性:可重复

著录规则:

(1)根据视音频资源播放的主体语音及文字资料,用中文著录声道语种。个别片段中的语种忽略不计。

(2)若有两种或多种声道语种时,可重复使用“声道编号”和“声道语种”,“声道编号”须与“声道语种”一一对应。

例:视频个体层记录

题名:世界遗产在中国

[并列题名]:China's world heritages

语种[声道编号]:1

[声道语种]:汉语

[声道编号]:2

[声道语种]:英语

[声道编号]:3

[声道语种]:法语

[声道编号]:4

[声道语种]:西班牙语

[声道编号]:5

[声道语种]:葡萄牙语

[声道编号]:6

[声道语种]:阿拉伯语

[声道编号]:7

[声道语种]:日语

[声道编号]:8

[声道语种]:俄语

[声道编号]:9

[声道语种]:德语

[声道编号]:10

[声道语种]:意大利语

7.11.3　字幕编号

名称:subtitle number

标签:字幕编号

定义:视频资源中字幕的序次号。

注释:字幕编号仅供视频资源用。

必备性:有则必备

可重复性:可重复

著录规则:

(1)根据视频资源自身的实际情况用阿拉伯数字著录字幕编号。

(2)字幕编号与字幕语种须一一对应。

例:视频个体层记录

题名:世界遗产在中国

[并列题名]:China's world heritages

语种[声道编号]:1

[声道语种]:汉语

[声道编号]:2

[声道语种]:英语

[声道编号]:3

[声道语种]:法语

[声道编号]:4

[声道语种]:西班牙语

[声道编号]:5

[声道语种]:葡萄牙语

[声道编号]:6

[声道语种]:阿拉伯语

[声道编号]:7

[声道语种]:日语

[声道编号]:8

[声道语种]:俄语

[声道编号]:9

[声道语种]:德语

[声道编号]:10

[声道语种]:意大利语

[字幕编号]:1

7.11.4 字幕语种

名称:subtitle language

标签:字幕语种

定义:视频资源字幕的语种名称。

注释:字幕语种仅供视频资源用。

必备性:有则必备

可重复性:可重复

著录规则:

(1)依据 ISO 639-2《语种名称代码表》(Codes for the representation of names of languages, Alpha - 3 code)国际标准的规定,用三个字母表示字幕语种。

(2)根据视频资源的视频信息,从下拉菜单"chi、eng、fre、gem、jpn、kor、mon、rus、tib、uig"中选用适当的代码著录字幕语种。"chi"表示汉语;"eng"表示英语;"fre"表示法语;"gem"表示德语;"jpn"表示日语;"kor"表示朝语;"mon"表示蒙语;"rus"表示俄语;"tib"表示藏语;"uig"表示维吾尔语。

(3)有两种或多种字幕语种时,可重复使用"字幕编号"和"字幕语种"。注意"字幕编号"须与"字幕语种"一一对应。

例:视频个体层记录

题名:世界遗产在中国

[并列题名]:China's World Heritages

语种[声道编号]:1

[声道语种]:汉语

[声道编号]:2

[声道语种]:英语

[声道编号]:3

[声道语种]:法语

[声道编号]:4

[声道语种]:西班牙语

[声道编号]:5

[声道语种]:葡萄牙语

[声道编号]:6

[声道语种]:阿拉伯语

[声道编号]:7

[声道语种]:日语

[声道编号]:8

[声道语种]:俄语

[声道编号]:9

[声道语种]:德语

[声道编号]:10

[声道语种]:意大利语

[字幕编号]:1

[字幕语种]:chi

7.12 受众

名称:audience

标签:受众

定义:资源传播的接受者。

必备性:必备

可重复性:可重复

著录规则：

(1)根据数字文化资源的内容,从下拉菜单“大众、婴幼儿、儿童、青年、中年、老年”中选择适当的词著录受众。

(2)数字文化资源若有两种或多种“受众”时,可重复使用“受众”元素。

例1:视频个体层记录

题名:世界遗产在中国

[并列题名]:China's world heritages

受众:大众

例2:视频个体层记录

题名:《三国演义》的内涵

[系列题名]:周汝昌眼中的四大名著

[分集总数]:5集

[分集次]:第1集

受众:大众

例3:视频个体层记录

题名:精灵世纪;第1集

受众:儿童

例4:音频个体层记录

题名:妈妈教我一支歌

受众:大众

例5:图像个体层记录

题名:奴隶与狮

受众:大众

7.13 来源

名称:source

标签:来源

定义:与当前资源来源有关的资源。

注释:当前资源可能部分或全部源自来源元素所标识的资源。

必备性:必备

可重复性:不可重复

7.13.1 资源获得方式

名称:terms of availability

标签:资源获得方式

定义:获得资源的途径和方法。

必备性:必备

可重复性:可重复

著录规则:根据文化部全国公共文化发展中心及分中心有关部门提供的资料,在下拉菜单"自拍(制)、合作、经下级中心购买、市场购买、收录、交换、受赠、其他"中选用适当的词著录资源获得方式。

例:视频个体层记录

题名:鏖战鲁西南

[系列题名]:大转折

[分集次]:上集

来源[资源获得方式]:市场购买

7.13.2 资源提供者

名称:source provider

标签:资源提供者

定义:提供资源的单位或个人的名称。

必备性:必备

可重复性:不可重复

著录规则:根据文化部全国公共文化发展中心及分中心提供的信息著录"资源提供者"。但是,从出版社、图书进出口公司、书店等渠道购进的资源不著录"资源提供者"。

例:视频个体层记录

题名:鏖战鲁西南

[系列题名]:大转折

[分集次]:上集

来源[资源获得方式]:市场购买

[资源提供者]:中国人民解放军八一电影制片厂

7.13.3 URI

名称:URI

标签:URI

定义:统一资源标识符(Universal Resource Identifier,简称 URI)。

必备性:有则必备

可重复性:不可重复

著录规则:根据在编资源的获取途径,如实地著录统一资源标志符。

例:视频个体层记录

题名:四大妙招养黄鳝

[系列题名]:科普惠农惠万家

[分集次]:3

责任者[个人名称]:陆梅

[责任方式]:主持人/播音

来源[URI]:http://sannong. cntv. cn/program/kejiyuan/20111123/ 117643. shtml

7.14 关联

名称:relation

标签:关联

定义:相关资源。

注释:指明与本资源存在某种关系的其他资源。建议采用符合正式标识体系的字符串进行标识。

必备性:可选

可重复性:不可重复

7.14.1 原版本

名称:isVersionOf

标签:原版本

定义:说明另一资源是本资源的原版本。

注释:原版本仅供视音频资源用。

必备性:可选

可重复性:不可重复

著录规则:

(1)“原版本”用于揭示制作视频资源或音频资源过程中形成的各种版本与原版本之间的关系。

(2)建议采用符合正式标识体系的字符串进行标识。如果无法获得标识时,可按“题名:其他题名信息;分集次/责任者.摄制日期或录制日期或拍照日期”这一格式有选择地进行书目描述。

例:视频个体层记录

题名:南征北战

责任者[个人名称]:成荫

[责任方式]:导演

[个人名称]:王炎

[责任方式]:导演

[个人名称]:汤晓丹

[责任方式]:导演

关联[原版本]:南征北战.1952 摄制

7.14.2 其他版本

名称:hasVersion

标签:其他版本

定义:说明另一资源是本资源的不同版本。

注释:其他版本仅供视音频资源用。

必备性:可选

可重复性:可重复

著录规则:

(1)“其他版本”用于揭示原版本与制作视频资源过程中形成的其他版本之间的关系。

(2)建议采用符合正式标识体系的字符串进行标识。如果无法获得标识时,可按“题名:其他题名信息;分集次 / 责任者.摄制日期或录制日期或拍照日期”这一格式有选择地进行书目描述。

例:视频个体层记录

题名:南征北战

责任者[个人名称]:成荫

[责任方式]:导演

[个人名称]:汤晓丹

[责任方式]:导演

关联[其他版本]:南征北战.1974 摄制

7.14.3 包含

名称:has part

标签:包含

定义:本资源在物理上或逻辑上包含了另一资源。

必备性:可选

可重复性:可重复

著录规则:

(1)对于成系列的资源或单集资源,可根据实际需求采用分层著录,并在系列资源与其单集资源之间,或者单集资源与其析出的信息之间用“包含”的关联方式建立联系。“包含”是自上而下的链接,但不能与“包含于”同时使用。

(2)建议采用符合正式标识体系的字符串进行标识。如果无法获得标识时,可按“题名:其他题名信息;分集次 / 责任者.摄制日期或录制日期或拍照日期”这一格式有选择地进行书目描述。

例:视频集合层记录

题名:周汝昌眼中的四大名著

责任者[个人名称]:周汝昌

[责任方式]:主讲人

[团体名称]:文化部全国文化信息资源建设中心

[责任方式]:创建

关联[包含]:《三国演义》的内涵/周汝昌主讲人

[包含]:《水浒传》的艺术成就/周汝昌主讲人

7.14.4 包含于

名称:is part of

标签:包含于

定义:本资源在物理上或逻辑上是另一资源的一个组成部分。

必备性:可选

可重复性:不可重复

著录规则:

(1)对于析出的视音频信息,在析出的单个视音频资源与其成系列或成套视音频资源之间,或者在局部的视频信息与其整体视频资源之间可用"包含于"的关联方式建立联系。"包含于"是自下而上的链接,但不能与"包含"同时使用。

(2)建议采用符合正式标识体系的字符串进行标识。如果无法获得标识时,可按"题名:其他题名信息;分集次/责任者.摄制日期或录制日期或拍照日期"这一格式有选择地进行书目描述。

例:视频分析层记录

题名:候机楼里

责任者[个人名称]:乔宁

[责任方式]:表演

[个人名称]:闫卫国

[责任方式]:表演

[个人名称]:王宪民

[责任方式]:表演

关联[包含于]:百集相声小品;第345-348集

7.14.5 参考

名称:references

标签:参考

定义:本资源参考、引用或以其他方式指向被参考资源。

注释:参考仅供视音频资源用。

必备性:可选

可重复性:可重复

著录规则:

(1)"参考"这一元素修饰词揭示本资源与被参考资源之间的关系。

(2)建议采用符合正式标识体系的字符串进行标识。如果无法获得标识时,可按"题名:其他题名信息;分集次/责任者.摄制日期或录制日期或拍照日期"这一格式有选择地进行书目描述。

例:视频个体层记录

题名:淮海战役

[系列题名]:大决战

[分集次]:第2部

关联[参考]:建国大业

(注:《大决战》第二部《淮海战役》用了《建国大业》中的个别视频信息)

7.14.6 被参考

名称:is referenced by

标签:被参考

定义:被参考的资源参考、引用或以其他方式指向本资源。

注释:被参考仅供视音频资源用。

必备性:可选

可重复性:可重复

著录规则:

(1)“被参考”这一元素修饰词揭示本资源与参考资源之间的关系。

(2)建议采用符合正式标识体系的字符串进行标识。如果无法获得标识时,可按“题名:其他题名信息;分集次 / 责任者.摄制日期或录制日期或拍照日期”这一格式有选择地进行书目描述。

例:视频个体层记录

题名:建国大业

关联[被参考]:淮海战役

7.15 权限

名称:rights

标签:权限

定义:资源本身的所有者权利信息或被赋予的权利信息。

注释:权限信息通常指与资源相关的各种产权声明,包括知识产权。

必备性:必备

可重复性:可重复

7.15.1 版权拥有者

名称:rights holder

标签:版权拥有者

定义:拥有资源版权的个人或团体。

必备性:有则必备

可重复性:可重复

著录规则:根据文化部全国公共文化发展中心及分中心提供的有关资料,著录资源版权拥有者的正式名称。

例1:视频个体层记录

题名:通天塔

权限[版权拥有者]:中国人民解放军八一电影制片厂

例2:视频个体层记录

题名:从文化视角看几首唐宋诗词

权限[版权拥有者]:中国中央电视台

[版权拥有者]:中国国际电视总公司

例3:数据库集合层记录

题名:VOD 视频点播

权限[版权拥有者]:首都图书馆

7.15.2 版权声明

名称:copyright statement

标签:版权声明

定义:版权所有者公开发布的受其保护的资源的版权方面的信息。

必备性:可选

可重复性:不可重复

著录规则:版权声明是版权拥有者对作品的归属、使用权、使用范围、违规使用后果等权力的说明。根据资源载有的版权声明或有关的法律文件,用自由行文的方式著录版权声明。

7.15.3　授权使用者

名称:authorized user

标签:授权使用者

定义:被授权使用资源的个人名称或团体名称。

必备性:有则必备

可重复性:不可重复

著录规则:根据文化部全国公共文化发展中心及分中心提供的有关资料,著录资源的"授权使用者"。若授权使用者为团体名称时,须著录正式名称的全称。

例:视频个体层记录

题名:从文化视角看几首唐宋诗词

权限[版权拥有者]:中国中央电视台

[版权拥有者]:中国国际电视总公司

[授权使用者名称]:文化部全国文化信息资源建设管理中心

7.15.4　授权使用方式

名称:authorized way of usage

标签:授权使用方式

定义:资源被授权使用的方式和方法。

必备性:有则必备

可重复性:可重复

著录规则:依据资源的授权合同,在下拉菜单"互联网传播、系统内局域网传播、系统内卫星、县及以下有线数字电视、系统内传播使用、系统内有线无线传输、系统内光盘传输、系统内硬盘传输、其他使用方式"中选用适当的词语著录授权使用方式。

例1:视频个体层记录

题名:京味儿漫谈

权限[授权使用方式]:系统内局域网传播

[授权使用方式]:系统内卫星

例2:数据库集合层记录

题名:VOD视频点播

权限[授权使用方式]:系统内局域网传播

7.15.5　授权起始日期

名称:authorized date of start

标签:授权起始日期

定义:资源被授权使用的有效开始时间。

必备性:有则必备

可重复性:不可重复

著录规则:根据文化部全国公共文化发展中心及分中心提供的有关资料,按照“YYYY－MM－DD”的格式著录授权起始日期。“YYYY”表示用4位数著录“年”;“MM”表示用2位数著录“月份”(如01－12);“DD”表示用2位数著录“日”(如01－31)。

例:视频个体层记录

题名:京味儿漫谈

权限[授权使用方式]:系统内局域网传播

[授权使用方式]:系统内卫星

[授权起始日期]:2008－01－01

7.15.6 授权使用期限

名称:authorized dealine

标签:授权使用期限

定义:资源被授权使用的时间范围。

必备性:有则必备

可重复性:不可重复

著录规则:根据文化部全国公共文化发展中心及分中心提供的有关法律文件,按“永久、限年播出、限次播出”三种形式著录授权使用期限。以“年”为单位,用阿拉伯数字著录限播的年限。以“次”为单位,用阿拉伯数字著录限次播出的次数。

例1:视频个体层记录

题名:京味儿漫谈

权限[授权使用方式]:系统内局域网传播

[授权使用方式]:系统内卫星

[授权起始日期]:2008－01－01

[授权使用期限]:10年

例2:视频个体层记录

题名:从文化视角看几首唐宋诗词

权限[版权拥有者]:中国中央电视台

[版权拥有者]:中国国际电视总公司

[授权使用者名称]:文化部全国文化信息资源建设管理中心

[授权起始日期]:2008－01－01

[授权使用期限]:永久

7.15.7 授权使用地域

名称:authorized geographic area

标签:授权使用地域

定义:资源被授权使用的地域范围。

必备性:有则必备

可重复性:不可重复

著录规则:根据文化部全国公共文化发展中心及分中心提供的有关资料,著录资源授权使用的地域名称。

例:视频个体层记录

题名:从文化视角看几首唐宋诗词

权限[版权拥有者]:中国中央电视台

[版权拥有者]:中国国际电视总公司

[授权使用者名称]:文化部全国文化信息资源建设管理中心

[授权起始日期]:2008-01-01

[授权使用期限]:永久

[授权使用地域]:中国大陆

7.15.8 授权文件

名称:authorized file

标签:授权文件

定义:资源被授权使用的相关合同文件名称。

必备性:可选

可重复性:不可重复

著录规则:依据有关的法律文件著录资源被授权使用的相关合同文件的名称。

例:视频个体层记录

题名:从文化视角看几首唐宋诗词

权限[版权拥有者]:中国中央电视台

[版权拥有者]:中国国际电视总公司

[授权使用者名称]:文化部全国文化信息资源建设管理中心

[授权起始日期]:2008-01-01

[授权使用期限]:永久

[授权使用地域]:中国大陆

[授权文件]:

7.15.9 其他信息

名称:other information

标签:其他信息

定义:资源被授权使用的其他补充说明。

必备性:可选

可重复性:不可重复

著录规则:用自由行文的方式著录补充说明资源授权使用的情况。

7.16 时空范围

名称:coverage

标签:时空范围

定义:资源内容所涉及的时间或空间的覆盖范围。

必备性:有则必备

可重复性:不可重复

7.16.1　时间范围

名称:yearsCovered

标签:时间范围

定义:资源知识内容所体现的时间特征。

必备性:有则必备

可重复性:可重复

著录规则:

(1)在"时间范围"修饰词中著录资源知识内容涉及的时间特征,包括时代、日期、时间段。

(2)用阿拉数字著录资源内容涉及的起止年份。

例:视频个体层记录

题名:鏖战鲁西南

[系列题名]:大转折

[分集次]:上集

时空范围[时间空间]:1947

[空间范围]:山东

7.16.2　空间范围

名称:spatial

标签:空间范围

定义:资源知识内容所涉及的空间特征。

必备性:可选

可重复性:可重复

著录规则:空间范围著录资源内容涉及的地点或事件发生的地点。

例:视频个体层记录

题名:鏖战鲁西南

[系列题名]:大转折

[分集次]:上集

时空范围[时间空间]:1947

[空间范围]:山东

7.17　源载体

名称:source medium

标签:源载体

定义:当本资源转换自其他载体时,说明资源的源载体特征。

注释:源载体仅供视音频资源用,用于揭示存储视音频介质的类型。

必备性:有则必备

可重复性:不可重复

著录规则:当视音频资源数字化后,根据原有的载体介质,从下拉菜单"Betacam SP、Betacam、Betacom SX、CD、D - 1、D - 3、D - 5、Digital Betacam、DVCPRO 25、DVCPRO 50、DVCPRO 100、DVD、HD - D5、HDCAM、IMX、MⅡ、LD、1inch、S - VHS、U - matic、VCD、VHS、唱片、录像带、录音带"中选择适当词著录源载体。

例1:视频个体层记录

源载体:录像带

例2:音频个体层记录

源载体:录音带

7.18 馆藏信息

名称:location

标签:馆藏信息

定义:资源的馆藏信息。

必备性:必备

可重复性:可重复

7.18.1 馆藏地

名称:place of holding agency

标签:馆藏地

定义:资源馆藏单位的所在地。

必备性:有则必备

可重复性:不可重复

著录规则:

(1)凡是著录了源载体(如,录像带、录音带、DVD、VCD、CD 等实体资源)的记录须著录馆藏地。馆藏地著录源载体收藏单位所在地的城市名称。

(2)馆藏地可著录数字文化资源收藏单位所在地城市名称。

例:视频个体记录

题名:4 万吨大白菜滞销以后

源载体:DVCPRO 25 磁带

馆藏信息[馆藏地]:北京

7.18.2 馆藏单位

名称:holding agency

标签:馆藏单位

定义:资源的收藏单位。

必备性:有则必备

可重复性:不可重复

著录规则:

(1)凡是著录了源载体(如,录像带、录音带、DVD、VCD、CD 等实体资源)的记录须著录馆藏单位的名称。

(2)馆藏单位可著录数字文化资源收藏单位的名称。

例:视频个体记录

题名:4 万吨大白菜滞销以后

源载体:DVCPRO 25 磁带

馆藏信息[馆藏地]:北京

[馆藏单位]:文化部全国文化信息资源建设管理中心

7.18.3 索取号

名称:call number

标签:索取号

定义:代表每个资源在收藏单位整个馆藏体系中特有位置的号码。

必备性:有则必备

可重复性:不可重复

著录规则:对于经数字化的资源,须著录其源媒体的索取号。

例:视频个体层记录

题名:4 万吨大白菜滞销以后

源载体:DVCPRO 25 磁带

馆藏信息[馆藏地]:北京

[馆藏单位]:文化部全国文化信息资源建设管理中心

[索取号]:YS – B – 0003676

7.19 资源加工

名称:processing of resource

标签:资源加工

定义:对资源征集人和加工单位的描述。

必备性:必备

可重复性:不可重复

7.19.1 征集人

名称:collector

标签:征集人

定义:资源的征集人。

必备性:必备

可重复性:不可重复

著录规则:根据文化部全国公共文化发展中心及分中心提供的有关资料著录资料的征集人。

例:视频个体层记录

题名:鏖战鲁西南

[系列题名]:大转折

[分集次]:上集

资源加工[征集人]:刘红

7.19.2　加工单位

名称:processing institute

标签:加工单位

定义:资源的编目机构。

必备性:必备

可重复性:不可重复

著录规则:根据文化部全国公共文化发展中心及分中心提供的有关资料,著录资源编目公司的全称。

例:视频个体层记录

题名:鏖战鲁西南

[系列题名]:大转折

[分集次]:上集

资源加工[征集人]:刘红

[加工单位]:北京中科大洋科技发展股份有限公司

7.20　资源服务

名称:resource service

标签:资源服务

定义:对资源服务情况的描述。

必备性:有则必备

可重复性:可重复

7.20.1　服务方式

名称:service means

标签:服务方式

定义:资源的服务方式。

必备性:有则必备

可重复性:不可重复

著录规则:根据文化部全国公共文化发展中心及分中心提供的有关资料,在下拉菜单"卫星直播、卫星投包、中心主站、基层版、移播宝、光盘下发、移动硬盘、镜像、政务外网、IPTV、有线数字电视、共享机、合作单位共享、其他服务"中选用适当的词语著录服务方式。

例:视频个体层记录

题名:鏖战鲁西南

[系列题名]:大转折

[分集次]:上集

资源服务[服务方式]:中心主站

7.20.2　服务栏目

名称:service program

标签:服务栏目

定义:资源在网站、专栏、专版卫星等服务平台中所属栏目。

必备性:有则必备

可重复性:不可重复

著录规则:根据文化部全国公共文化发展中心及分中心提供的有关资料,著录资源在服务平台中所属的服务栏目。

例:视频个体层记录

题名:鏖战鲁西南

[系列题名]:大转折

[分集次]:上集

资源服务[服务方式]:中心主站

[服务栏目]:影视剧场

7.20.3 服务时间

名称:service date

标签:服务时间

定义:资源进入网站、专栏、专版卫星等平台服务的时间。

必备性:有则必备

可重复性:不可重复

著录规则:根据文化部全国公共文化发展中心及分中心提供的有关资料,按照"YYYY-MM-DD"的格式著录服务时间。"YYYY"表示用4位数著录"年";"MM"表示用2位数著录"月份"(如01-12);"DD"表示用2位数著录"日"(如01-31)。

例:视频个体层记录

题名:鏖战鲁西南

[系列题名]:大转折

[分集次]:上集

资源服务[服务方式]:中心主站

[服务栏目]:影视剧场

[服务时间]:2007-07-01

7.20.4 服务地址

名称:service address

标签:服务地址

定义:资源在网站、专栏、专版卫星等平台服务的地址。

必备性:有则必备

可重复性:不可重复

著录规则:根据文化部全国公共文化发展中心及分中心提供的有关资料著录服务地址,服务地址可以著录URL。

例:视频个体层记录

题名:鏖战鲁西南

[系列题名]:大转折

[分集次]:上集

资源服务[服务方式]:中心主站

[服务栏目]:影视剧场

[服务时间]:2007 - 07 - 01

[服务地址]: http://www. ndcnc. gov. cn/datalib/meizi_video/2007/2007_07/ meizi_video. 2007 - 07 - 26. 6704841210

7.20.5 服务对象

名称:service object

标签:服务对象

定义:资源在网站、专栏、专版卫星等平台服务和资源下发时的服务单位。

必备性:有则必备

可重复性:可重复

著录规则:根据文化部全国公共文化发展中心及分中心提供的有关资料著录服务对象。

例:视频个体层记录

题名:鏖战鲁西南

[系列题名]:大转折

[分集次]:上集

资源服务[服务方式]:中心主站

[服务栏目]:影视剧场

[服务时间]:2007 - 07 - 01

[服务地址]: http://www. ndcnc. gov. cn/datalib/meizi_video/2007/2007_07/ meizi_video. 2007 - 07 - 26. 6704841210

[服务对象]:全国各级中心

7.21 资源验收

名称:resource inspection

标签:资源验收

定义:对资源初审、数字化和编目验收情况的描述。

必备性:有则必备

可重复性:可重复

7.21.1 验收时间

名称:inspection date

标签:验收时间

定义:资源初审、数字化和编目验收的时间。

必备性:有则必备

可重复性:不可重复

著录规则:按照“YYYY - MM - DD”的格式著录验收时间。“YYYY”表示用4位数著录“年”;“MM”表示用2位数著录“月份”(如01—12);“DD”表示用2位数著录“日”(如01—31)。

例:视频个体层记录

题名:鏖战鲁西南

[系列题名]:大转折

[分集次]:上集

资源验收[验收时间]:2006－08－06

7.21.2　验收方式

名称:inspection fashion

标签:验收方式

定义:资源的验收方式包括初审、数字化抽样验收、数字化专项验收。

必备性:有则必备

可重复性:不可重复

著录规则:在下拉菜单"初审、复审、数字化抽样验收、数字化专项验收、其他验收"中选择适当的词著录验收方式。

例:视频个体层记录

题名:鏖战鲁西南

[系列题名]:大转折

[分集次]:上集

资源验收[验收时间]:2006－08－06

[验收方式]:专项验收

7.21.3　验收人

名称:inspector

标签:验收人

定义:资源初审、数字化和编目验收的人员或单位。

必备性:有则必备

可重复性:可重复

著录规则:如实著录资源初审、数字化和编目验收的人员的姓名或单位名称。

例:视频个体层记录

题名:鏖战鲁西南

[系列题名]:大转折

[分集次]:上集

资源验收[验收时间]:2006－08－06

[验收方式]:专项验收

[验收人]:邓中涵

7.21.4　验收意见

名称:inspectionOpinion

标签:验收意见

定义:资源初审、数字化和编目验收的结果,合格或不合格。

必备性:有则必备

可重复性:不可重复

著录规则:选用"合格"或"不合格"这两个词语著录验收意见。

例:视频个体层记录

题名:鏖战鲁西南

[系列题名]:大转折

[分集次]:上集

资源验收[验收时间]:2006－08－06

[验收方式]:专项验收

[验收人]:邓中涵

[验收意见]:合格

7.21.5 验收报告

名称:inspection report

标签:验收报告

定义:资源初审、数字化和编目验收产生的记录单或验收报告。

必备性:有则必备

可重复性:不可重复

著录规则:由初审部门和验收部门根据资源初审、数字化和编目验收产生的记录单或验收报告,著录其验收单或验收报告的序号、名称、日期以及验收结果。

参考文献

[1] GB/T 3792.4—2009　文献著录　第4部分　非书资料[S].北京:中国标准出版社,2010

[2] GY/T 202.1—2004　广播电视音像资料编目规范　第1部分:电视资料[S].北京:国家广播电影电视总局,2004

[3] GY/T 202.2—2007 广播电视音像资料编目规范　第2部分:广播资料[S].北京:国家广播电影电视总局,2007

[4] GC－HD090190　国家图书馆视频资源元数据著录规则[S].北京:中国国家图书馆,2013

[5] GC－HD090192　国家图书馆音频资源元数据著录规则[S].北京:中国国家图书馆,2013

[6] GC－HD090189　国家图书馆图像资源元数据著录规则[S].北京:中国国家图书馆,2011

[7] 中央电视台音像资料编目细则[S].3.0修改稿.北京:中央电视音像资料馆,2008

[8] 中央人民广播电台音频资料编目规则[S].第35稿.北京:中央人民广播电台,2012

数字资源元数据与国图视频、音频、图像元数据规范对照表

国家公共文化数字支撑平台数字资源元数据		国图视频资源元数据		国图音频资源元数据		国图图像元数据	
元素	修饰词	元素	修饰词	元素	修饰词	元素	修饰词
标识符		标识符		标识符		标识符	
	ID						
			URI		URI		URI
	DOI		DOI		DOI		DOI
	ISRC		ISRC		ISRC		
	ISBN		ISBN		ISBN		ISBN
	标识代码						
题名		题名		题名		名称	
	并列题名		并列题名		并列题名		
	交替题名		交替题名		交替题名		交替名称
	其他题名信息		其他题名信息		其他题名信息		
	系列题名		系列题名		系列题名		
	并列系列题名						
	分集总数		分集总数		分集总数		
	分集次		分集次		分集次		
责任者		创建者① 其他责任者②		创建者③ 其他责任者④		创建者 其他责任者	
	个人名称						

① 视频资源的创建者包括编导、编剧者、编曲者、编舞者;编制者、表演者、策划者、承办者、创作者、导演、动画、会议名称、记者、解说者、配像者、配音者、摄影者、摄制者、受访者、演唱者、演讲者、演奏者、指挥、主办者、主编、主持者、主讲者、著者、作词者、作曲者、作者等。

② 视频资源的其他责任者包括灯光师、化妆师、编辑、监制者、出品者等。

③ 音频资源的创建者包括歌曲、器乐、故事、广播小说、戏曲、教学等音频资源的编辑、编曲者、表演者、播音、策划者、改编者、解说者、朗诵者、设计者、缩写者、演播者、演唱者、演奏者、著者、撰稿者、作词者、作曲者、作者等。

④ 音频资源的其他责任者包括监制者、编辑者等。

续表

国家公共文化数字支撑平台数字资源元数据		国图视频资源元数据		国图音频资源元数据		国图图像元数据	
元素	修饰词	元素	修饰词	元素	修饰词	元素	修饰词
	团体名称						
	会议名称						
	责任者并列名						
	责任方式		责任方式		责任方式		责任方式
	其他信息						
版本		版本		版本		版本	
出版发行							
	出版地		出版地		出版地		出版地
	出版者	出版者		出版者		出版者	
	出品地						
	出品者						
日期		日期		日期		日期	
	拍照日期						创建日期
	摄制日期		创建日期				
	录制日期				创建日期		
	出版日期		出版日期		出版日期		
	发布日期		发布日期		发布日期		发布日期
							可获得日期
							发现日期
描述		描述		描述		描述	
	摘要		摘要		摘要		摘要
	目次		目次		目次		目次
	获奖		获奖		获奖		
	唱法				唱法		
	声部				声部		
	演唱形式				演唱形式		
	演奏形式				演奏形式		
	附加块类型						

续表

国家公共文化数字支撑平台数字资源元数据		国图视频资源元数据		国图音频资源元数据		国图图像元数据	
元素	修饰词	元素	修饰词	元素	修饰词	元素	修饰词
	附加块描述						
	声道编号						
	声道内容						
	附注						
							风格
主题		主题		主题		主题	
	平台数字资源分类法						
	广电分类法						
			汉语主题词表		汉语主题词表		汉语主题词表
			中国分类主题词表		中国分类主题词表		
	中图法		中图图书馆分类法		中图图书馆分类法		中图图书馆分类法
			美国国会图书馆主题词表		美国国会图书馆主题词表		美国国会图书馆主题词表
			美国国会图书馆分类表		美国国会图书馆分类表		
	关键词						
类型		类型		类型		类型	
	节目类型						
	节目形态						
格式		格式		格式		格式	
	数量		数量		数量		篇幅
	尺寸		尺寸		尺寸		
	时长		实长		时长		

续表

国家公共文化数字支撑平台数字资源元数据		国图视频资源元数据		国图音频资源元数据		国图图像元数据	
元素	修饰词	元素	修饰词	元素	修饰词	元素	修饰词
	入点		入点		入点		
			出点		出点		
	制式		制式				
	画面宽高比		画面宽高比				
	声音特征		声音特征				
	色彩		色彩				
	字幕形式						
	分辨率		分辨率				
	声道格式		声道格式		声道格式		
	声音质量						
	画面质量						
	音频编码格式		音频编码格式		音频编码格式		
	音频数据码率		音频数据码率		音频数据码率		
	音频采样频率		音频采样频率		音频采样频率		
	音频位深度		音频位深度		音频位深度		
	视频编码格式		视频编码格式				
	视频取样格式		视频取样格式				
	视频数据码率		视频数据码率				
	文件格式						
			媒体		媒体		载体
							技术细节
语种		语种		语种		语种	
	声道编号		声道编号		声道编号		

续表

国家公共文化数字支撑平台数字资源元数据		国图视频资源元数据		国图音频资源元数据		国图图像元数据	
元素	修饰词	元素	修饰词	元素	修饰词	元素	修饰词
	声道语种		声道语种		声道语种		
	字幕编号		字幕编号				
	字幕语种		字幕语种				
受众		受众		受众		受众	
来源		来源		来源		来源	
	资源获得方式						
	资源提供者						
	URI		URI		URI		URI
			DOI		DOI		DOI
			ISBN		ISBN		ISBN
			ISRC		ISRC		
关联		关联		关联		关联	
	原版本		原版本		原版本		原版本
	其他版本		其他版本		其他版本		其他版本
	包含		包含		包含		包含
	包含于		包含于		包含于		包含于
	参考		参考		参考		参照
	被参考		被参考		被参考		被参照
			原格式		原格式		原格式
			其他格式		其他格式		其他格式
权限		权限		权限		权限	
	版权拥有者		版权拥有者		版权拥有者		版权拥有者
			使用权限		使用权限		使用权限
	版权声明						
	授权使用者						
	授权使用方式						

续表

国家公共文化数字支撑平台数字资源元数据		国图视频资源元数据		国图音频资源元数据		国图图像元数据	
元素	修饰词	元素	修饰词	元素	修饰词	元素	修饰词
	授权起始日期						
	授权使用期限						
	授权使用地域						
	授权文件						
	其他信息						
时空范围		时空范围		时空范围		时空范围	
	时间范围		时间范围		时间范围		时间范围
	空间范围		空间范围		空间范围		空间范围
源载体		源载体		源载体		源载体	
						背景	
馆藏信息		馆藏信息		馆藏信息		馆藏信息	
	馆藏地		馆藏地		馆藏地		
	馆藏单位		馆藏单位		馆藏单位		
	索取号		索取号		索取号		
						收藏历史	
							题跋印记
资源加工							
	征集人						
	加工单位						
资源服务							
	服务方式						
	服务栏目						
	服务时间						
	服务地址						
	服务对象						
资源验收							
	验收时间						
	验收方式						

续表

国家公共文化数字支撑平台数字资源元数据		国图视频资源元数据		国图音频资源元数据		国图图像元数据	
元素	修饰词	元素	修饰词	元素	修饰词	元素	修饰词
	验收人						
	验收意见						
	验收报告						

责任编辑：金丽萍

国家图书馆出版社
官方微信

ISBN 978-7-5013-6084-0

9 787501 360840 >

定价：60.00 元